AF451773

POUR NOS ENFANTS

EN SOUVENIR DE NOS MORTS

Louis Lecoc

22 *Novembre 1918*

PRÉFACE

Reconstituer la vie d'une Division Française pendant la plus grande guerre de l'histoire du monde, faire renaître les impressions communes, joies et tristesses, fixer dans un court récit les exploits de ceux qui ont lutté, souffert, espéré sans défaillances, honorer ceux qui sont tombés dans la bataille : tel est notre but.

Nous ne pouvons prétendre à reconstituer rigoureusement les faits. La vérité tactique et stratégique sera peut-être, malgré nous, légèrement altérée. Nous laissons aux historiens le soin d'établir exactement ce qui fut. Nous voulons seulement offrir un raccourci d'histoire qui pourra donner une idée restreinte, mais exacte, incomplète, mais vivante de ce que furent la vitalité étonnante, la patience inattendue, l'héroïsme éclatant d'une race qui n'a pas démérité de son passé glorieux et qui l'a prouvé en défendant avec une force surnaturelle la terre natale et en sauvant le patrimoine d'idées dans lequel elle a mis le meilleur de soi et qui fut et demeure la richesse idéale de l'humanité.

De Rouen, du Havre, de Caen, la brigade
Tassin (39e et 74e régiment infanterie) la brigade
Leautier (36e et 129e régiment infanterie) quittent
leurs casernes et se dirigent, par la voie ferrée,
sur les Ardennes. Le 7 Août à Poix-Terron, la
5e division infanterie est au complet sous les
ordres du général Verrier.

Tout s'est bien passé : les drapeaux reçus,
les régiments se sont embarqués dans des
wagons ornés de branchages et ont fait la route
au milieu des acclamations d'un peuple qui
salue ses défenseurs.

Parisiens et Normands s'amalgament sous
les plis des drapeaux qui claquent au vent d'espérance. Les Parisiens donnent leur gaieté,
leur entrain légendaire, les Normands leur
finesse quelque peu madrée, leur résistance de
campagnards solides et, de ces forces jeunes,
de tout l'enthousiasme unanime, se forme l'âme

de la 5e division, qui va pendant des années de dur combat, survivre aux fatigues, aux blessures, à la nostalgie du foyer et poursuivre, en digne française, le but qu'elle s'est donné le premier jour : libérer les provinces arrachées et sauver le monde de la domination allemande. La route sera longue, pénible, le but s'éloignera parfois et cependant elle ne doutera jamais du succès qu'elle aura généreusement payé de son sang.

LA BELGIQUE

La 5e Armée s'avançant dans la direction de Namur, la 5e division franchit la frontière Belge le 17 et le 18 Août. Elle traverse les riches villages de nos alliés, et elle défile dans Chimay, Rance, Walcourt, au milieu d'un enthousiasme inouï. Les Belges accueillent nos soldats en libérateurs et leur donnent à profusion des vivres, des boissons et du tabac. Le 20, l'Etat-Major de la division d'infanterie est à Somzée, province de Namur. Le bruit du canon se rapproche et nous croisons les premières colonnes de troupes belges en retraite. On attend le choc, on l'espère...

Le 21, la bataille de Charleroi commence.

Le 3e corps d'armée a pour mission de garder les ponts de *Sambre* que menacent des colonnes ennemies annoncées par des partis de uhlans. A 15 heures Gilly sur Pont-de-Loup est attaqué fortement par les chasseurs de la Garde Prussienne. L'ennemi est contenu par nos feux et subit de lourdes pertes ; mais à la tombée du jour il est maître de Tarciennes et de Roselies. Sur la rive gauche de la *Sambre*, tous les villages sont en feu. Le 74e reçoit l'ordre de contre-attaquer sur Roselies ; le 1er bataillon chargé de cette mission tombe dans une embuscade alors qu'il s'avance en bon ordre, baïonnette au canon et doit se replier.

Le 22 Août, on ne laisse au débouché des ponts que des postes allégés et le gros des troupes se masse vers Binche et vers le hameau de Bas-Sart.

Au point du jour, 2 bataillons du 129e font un retour offensif sur Roselies. Les nôtres se déploient en tirailleurs à 800 mètres du village et d'un élan superbe enlèvent la lisière. Dans le bourg, les maisons sont barricadées et crénelées ; l'ennemi tire à couvert. Après un combat forcené, nos troupes abandonnent le village. Peu après, la 9e brigade massée sur la côte 170, doit se replier sous un orage de fer. L'ennemi débouche du Chatelet, menaçant le flanc de la 10e brigade. A 10 h. 15, les tirailleurs et les zouaves de la brigade Schwartz arrivent à la Figotterie, P. C. de la division. Ils attaquent sur le Chatelet en même temps qu'un bataillon du 39e et un bataillon du 36e. Le déploiement s'exécute dans un ordre parfait et malgré les mitrailleuses qui les fauchent, nos hommes avancent baïonnette haute, souhaitant le corps à corps. Cachés dans les maisons, enfouis dans les tas de charbon et de scories, l'ennemi nous décime. Le capitaine Blondeau, aveuglé par un éclat d'obus, refuse de quitter ses hommes ; le lieutenant Lacroix, blessé, revient au combat et trouve une mort glorieuse; en tombant l'adjudant de Mussy crie « Vive la France » dans un dernier souffle.

Il faut s'arrêter, puis reculer. L'ennemi impressionné par tant de courage, n'ose déboucher.

A midi, ordre de se replier sur la ligne Tarcienne-Hanzinne que l'on garde le 23 malgré le canon qui fait rage.

LA RETRAITE — GUISE

Le 24 Août, le bombardement augmente d'intensité. Les gros obus rendent intenable Hanzinelle et une forte attaque ennemie se dessine sur le 39ᵉ. Nos pertes ont été sévères pendant les derniers combats ; beaucoup de nos pièces d'artillerie, sont hors d'usage : les renforts ennemis affluent. Il faut songer, la mort dans l'âme, à la retraite.

La division se dirige sur Boussu-lez-Walcourt, Castillon et Eppe-Sauvage, puis, le 25, sur Momignies.

On marche sans trêve, de jour et de nuit. Les vivres n'arrivent pas. On traverse des villages désertés où le drapeau belge flotte encore, frémissant au vent de l'invasion comme les ailes d'un oiseau à l'approche de l'orage. Les populations qui nous avaient si bien accueillis, sont parties, emportant le plus précieux de leur bien. L'Allemagne s'avance, la mort la précéde. Les marches de nuit sont les plus lugubres : le beuglement des bestiaux abandonnés, les lueurs d'incendie dans le lointain, et surtout les convois lamentables de paysans fuyant l'invasion laisseront à ceux qui ont vécu ces heures d'angoisse un souvenir atroce, inoubliable.

Le 26, les troupes cantonnent dans la région de la Capelle, le 27, dans la région de Vervins, le 28 on se dirige sur Puisieux.

Les nôtres avancent à marche forcée, malgré la fatigue écrasante, — on ne chante pas, mais on serre les dents de rage, — pas de découragement. On s'entr'aide, on se réconforte. Les bruits les plus fantaisistes circulent, mais on ne retient que ceux qui parlent d'espérance et dans cette nuit on entrevoit une aurore qui luira... Quand ? Bientôt, car, le 29, on parle de reprendre l'offensive sur St-Quentin ! Enfin !

La division avance sur l'axe Puisieux, Cote 147, Ferme Bertaignemont.

Le 36ᵉ régiment d'infanterie se porte au nord-ouest de Bertaignemont. Pris sous le feu intense de l'artillerie ennemie, il se replie. Le 74ᵉ insuffisamment appuyé se déploie ; mais ne peut progresser vers la Ferme Bertaignemont qui prend feu. Le 39ᵉ et le 129ᵉ prennent position face au bois. Des éléments qui refluaient, sont regroupés au sud de Landifay en 8 compagnies, sous les ordres du général Leautier et appuient vigoureusement au sud-est du bois l'offensive heureuse du 1ᵉʳ Corps. Bien soutenus par l'artillerie, ils parviennent à la hauteur du 39e à la tombée de la nuit. L'ennemi très éprouvé recule et abandonne 7 canons qu'on ne peut emmener, faute d'attelages.

La division s'arrête sur le terrain conquis et s'y retranche. Le 30 août, ordre de rester sur les positions, puis à 10 h. 30, de se porter sur la *Serre* dans la direction de Laon.

La retraite recommence.

Le 31 août, le général MANGIN remplace le général VERRIER à la tête de la 5e division qui se replie en bon ordre faisant face à l'ennemi.

Nous sommes le 31 août à Verneuil-sur-Serre, où nous recevons l'ordre de nous porter derrière l'*Aisne* et de continuer notre marche vers le sud. Le 1er septembre, nous passons à Vorges, à Courlandon, le 2 septembre à Olizy et à Violaine. Le 3, nous franchissons la *Marne* sur le pont suspendu de Port-à-Binson pour arriver dans la région de Cerseuil-Le Vivier : Le 4, nous sommes à Fromentières, le 5, à Fontaine-sous-Montaiguillon.

Les troupes ont fourni un effort surhumain, marchant de jour et de nuit, sans une halte qui ne soit interrompue par les obus ennemis. Nos hommes sont harassés, mais ils ont eu à honneur de donner toutes leurs forces, et c'est quand ils ne peuvent plus lutter contre la fatigue qu'ils tombent sur le rebord des fossés. Nos pertes ont été lourdes pendant les derniers combats. Le 36e régiment d'infanterie a perdu 2.000 hommes. Les compagnies sont commandées par des sous-lieutenants. Le ravitaillement se fait mal et la soif ajoute ses tortures aux tortures de la faim. Pas de lettres.

Un sombre découragement s'abat sur ceux qui avaient espéré reprendre à Guise la marche en avant. Toujours les lamentables convois des villageois fuyant devant l'invasion... des femmes affolées passent, traînant des enfants qui pleurent. A l'horizon, les villages brûlent, marquant de points rouges l'avance de l'ennemi !

LA MARNE

Avons-nous douté de notre étoile ? Je ne le crois pas. Les nations fortes ont en elles un instinct sûr qui les conseille de ne jamais désespérer. Dans les instants les plus tragiques, un indice favorable, un mot suffit à rendre tout le courage, toute la foi à ceux qui méritent de vivre au grand soleil, et ce mot fut prononcé le 5 septembre par le général Joffre.

L'ordre fameux nous parvint à Fontaine-sous-Montaiguillon. La fatigue disparut par la vertu magique des phrases que chaque Français attendait passionnément.

Le 6 septembre, le soleil est fidèle au rendez-vous. Nous recevons l'ordre d'attaquer dans la direction Escardes, Aulnay, Neuvy. A 7 heures, nous apprenons que Montceaux-les-Provins,

Les Châtaigniers et Courgivaux sont occupés par l'ennemi.

Deux bataillons du 74e, commandés par le commandant Brenot organisent hâtivement les lisières du bois au nord de Chomme, en liaison avec le 1er corps d'armée. Un bataillon du 74e et un bataillon du 39e, sous les ordres du colonel SCHMITZ occupent la Sourcière et la Cote 209. Notre artillerie ouvre le feu sur Escardes.

A 8 h. 15, le général MANGIN donne l'ordre de se porter en avant. Objectifs successifs : Escardes, Nogentel-Château, Neuvy. A 9 h. 30, nous apprenons qu'Escardes et le Haut d'Escardes ne sont pas tenus par l'ennemi. La 9e brigade occupe Escardes et progresse vers Courgivaux en même temps que le bataillon du 129e qui occupait la cote 204. Deux bataillons du 74e atteignent le village du côté du cimetière, vers 14 heures. Notre artillerie, sous les ordres du lieutenant-colonel ROGER, suit le mouvement dans un ordre parfait et bat de ses feux Retourneloug et la Cote 200.

A 16 heures, au moment où la compagnie du génie divisionnaire pénètre dans Courgivaux, une violente contre-attaque se produit dans le village. Le capitaine LETOURNEUR organise en réduit la lisière opposée à l'ennemi. Une section

se retranche dans le cimetière et décime par
son feu l'infanterie allemande qui débouche.
Cependant, le 74ᵉ doit céder et reflue par la rue
principale du village. Le bataillon DUCHEMIN,
du 129ᵉ reçoit l'ordre de reprendre Courgivaux :
il attaque et réussit.

A 17 h. 30, l'ennemi profite de notre position
en flèche pour attaquer violemment. La 9ᵉ brigade recule jusqu'aux tranchées établies à la
hauteur d'Escardes. Le moment est critique.
Le général MANGIN, suivi de son fidèle Baba
Coulibaly se porte sur la ligne de tirailleurs et
maintient sur place ses troupes jusqu'à 19 h. 30,
au milieu d'une terrible mousqueterie.

Nous gardons nos positions pendant la nuit.
Deux bataillons du 74ᵉ occupent les bois de
Courgivaux, on ne recule plus ! Le lendemain
7 septembre, on avance !

Objectifs successifs : Nogentel-Château, Aulnay, Neuvy. A 3 h. 30, puis à 4 h. 30, nous
attaquons Nogentel. Une heure après, l'ennemi
se porte en force sur le bois triangulaire, au
nord-ouest de Pont-à-Sec, ferme occupée par le
74ᵉ. Ce régiment découvert par le recul du 127ᵉ
qui est à droite, assailli de 3 côtés, doit éva-
cuer le bois. Il s'établit en avant d'Escardes
où il doit tenir coûte que coûte.

A 9 heures, le 36e reprend Courgivaux dans une ruée superbe admirablement appuyée par l'artillerie.

La 9e brigade progresse. A 12 h. 30, le bois des Prés est occupé et à 16 h. 15, l'ennemi n'oppose plus de résistance. Nous marchons sur Neuvy et Trefols, où nous stationnons le 7 septembre.

Le 8, nous continuons notre mouvement sur Montmirail et Corrobert.

A 9 h. 50, la division se prépare à enlever Montrobert et Cornantier, position qui permettra à notre artillerie de battre les passages du Morin. L'artillerie ennemie ralentit notre progression. A 14 h. 20, nous nous portons sur le front Hochecourt-Boulante. A 15 h. 20, le 74e tient les pentes Sud du ravin de Montmirail et occupe le Chêne. Le 39e prend position sur la cote 212.

L'ennemi s'est retranché à mi-pente sur la rive Nord du Petit-Morin. Le 129e attaque par 3 fois le pont de Montmirail. Une fusillade intense l'arrête. Le 9 Septembre, alors que toutes nos dispositions sont prises pour enlever les passages du Morin, l'ennemi évacue Montmirail à 3 heure du matin. Nous apprenons cette nouvelle à 7 heures et aussitôt nous débouchons par un pont situé à 300 mètres de Boulante. On avance !

Le 10 Septembre, la Division formée en 2 colonnes, se porte sur la *Marne* et le soir nous cantonnons dans la région de Sauvigny, Rozay, Courcelles.

Le 11, nous achevons de franchir la *Marne*; nous traversons Tréloup, Haut-Verneuil, Berthenay, Lagery, Villiers-Agron, le 12 Tramery, Bouleuse. Le 12 Septembre, dans la matinée, nous apprenons que l'ennemi, appuyé par une artillerie puissante, tient la route de Gueux à Thillois et Muizon.

Notre artillerie prend position. Nous attaquons Thillois fortement défendu et la Garenne-de-Gueux. Nos tentatives échouent. Notre artillerie contre-bat les canons ennemis. Le dernier bataillon du 74ᵉ est engagé à 16 heures sur le bois de la Garenne-de-Gueux, nous poussons vigoureusement et à 19 h. 30, l'ennemi abandonne ses positions au Nord de Thillois, que nous occupons aussitôt. La 9ᵉ brigade, bivouaque sous une pluie battante autour du village conquis.

Le 13 Septembre, nous marchons sur Brimont occupé par l'ennemi.

Le 36ᵉ contourne Merfy et se porte sur le

pont du Champ-de-Courses, malgré le feu très violent qui l'accueille, et le 129ᵉ occupe Courcy sous les rafales d'obus et de mitraille, s'empare de la Verrerie et cherche à progresser vers le Château de Brimont en même temps que des éléments du 36ᵉ qui ont franchi le pont du Champ-de-Courses et poussé jusqu'à l'Ecluse. L'artillerie ennemie nous empêche d'avancer davantage.

Le lendemain, 14 Septembre, la 10ᵉ brigade se prépare à attaquer le Château. L'ennemi tient les mêmes positions que la veille et semble vouloir attaquer vers la Verrerie. L'artillerie ennemie écrase le pont du Canal, Courcy et la Verrerie. A 13 heures, le feu augmente. Le général MANGIN donne l'ordre de se retrancher. La 10ᵉ brigade doit tenir à tout prix. A 18 heures, le 36ᵉ a progressé de 600 mètres vers le château.

Le 15 Septembre, à 2 h. 30, un bataillon du 36ᵉ s'élance vers le château de Brimont et le prend après une lutte acharnée. Il ouvre immédiatement le feu sur le village. Le 1ᵉʳ bataillon du 129ᵉ et 1ᵉʳ peloton du génie viennent renforcer la position pendant la nuit. Le 16 Septembre, le 129ᵉ attaque le bois de Brimont mais il échoue devant des forces supérieures.

D'importants effectifs ennemis à 16 heures,

pénétrent dans le bois de Soulains et s'avancent sur le Canal. Le 36ᵉ attaque à la baïonnette et les bouscule.

En fin de journée, nous tenons le Château de Brimont, la Verrerie, le pont du canal, et Courcy.

Le 17, l'ennemi nous bombarde furieusement et attaque. Il réussit sur un seul point. Le Château de Brimont, coupé de toutes communications, bombardé par obusiers, arrosé de balles, est perdu. Ceux qui le défendaient, pris sous l'écroulement des murs, aveuglés par la fumée des projectiles sont morts ou prisonniers après s'être battus 1 contre 4 dans des conditions épouvantables.

Partout ailleurs, nous gardons nos positions.

Pendant la nuit, nous abandonnons la Verrerie par ordre, et Courcy.

Si l'on passe sous silence les opérations du 19 Septembre, nous sommes arrivés à la période de stabilisation. Les tranchées se creusent, les secteurs sont répartis entre les régiments.

Pendant toute cette période qui s'appellera dans l'Histoire « La Bataille de la Marne », la division sous l'impulsion du général MANGIN prit l'ennemi à la gorge et ne le lacha que lorsqu'elle n'eut plus la force de le frapper. Bien que les combattants ne puissent se rendre compte d'un fait dont ils n'aperçoivent que d'infimes détails d'exécution, chaque soldat comprit en reprenant la marche en avant que la France était sauvée.

En traversant Montmirail, dont les rues pleines des restes du pillage et de l'orgie témoignaient d'un départ précipité, en traversant sur les talons de l'envahisseur tous les villages français qui jalonnaient notre route, nous avions, en même temps que le plaisir de reprendre possession de notre bien, la joie de vivre des heures immortelles et de participer au sentiment profond de tout un peuple qui n'a pas voulu mourir et qui l'affirme par la victoire.

Comme à Tolbiac en 496, à Poitiers en 732, la barbarie devait, en 1914, trouver la France sur son chemin.

Un abri.

LES PREMIÈRES TRANCHÉES

La guerre de mouvement est terminée, la guerre de tranchée commence et bien qu'elle ne nous plaise guère, chacun prend la pelle et la pioche. Les tranchées se dessinent et se creusent, rayant la plaine de leurs réseaux blancs.

La division occupe le secteur de Saint-Thierry. Le P. C. de la division d'infanterie est à Chenay, un des plus riants villages de la banlieue de Reims.

Le 19 septembre, la cathédrale de Reims brûle. De la terrasse du château de Saint-Thierry on voit des flammes colossales s'élever au-dessus d'un immense nuage de fumée dont les volutes laissent entrevoir les deux tours léchées par le feu. Ceux qui ont assisté, les larmes dans les yeux, à ce spectacle infernal, gardent à jamais le souvenir d'un des actes les plus barbares qui ait été commis et auquel un esprit latin refusera toujours une excuse. Ruiner les merveilles uniques du portail, fondre les pierres précieuses des verrières, tuer la beauté dans ce qu'elle a de plus sacré, de plus vénérable, ne peut être pardonné.

Pour la première fois, le 5 octobre, nous voyons un combat d'avions. Au-dessus de Muizon, le sergent Frantz attaque et « descend » un avion ennemi (1). Chacun suit des yeux les péripéties de la lutte et quand l'allemand tombe, 10,000 paires de mains françaises applaudissent. Avec bonne humeur, nous nous adaptons aux conditions nouvelles du combat.

Pendant le jour on se terre; pendant la nuit, l'on harcèle l'ennemi à coups de fusil et des patrouilles hardies, abondamment pourvues de volontaires, vont explorer les lignes allemandes. Les premiers abris apparaissent; ce sont d'abord des niches couvertes de branchages et de terre qui abritent de la pluie... quelquefois; plus tard on les renforce avec des rondins, et l'on s'enfonce davantage dans la glèbe.

C'est le temps héroïque des cuistots porteurs de soupe, des vaguemestres et des « tuyaux ».

---

(1) *Illustration*, 7 novembre 1915.

On chasse le rat, mais on ne chasse pas que
le rat. La pêche aussi a des adeptes. Souvenons-
nous du muguet de la cote 120, des bains dans
l'*Aisne*, près de Concevreux, des truites du
Ployon et de la chapelle Notre-Dame-de-Beau-
marais, édifiée par le commandant Chassery,
du 36ᵉ régiment d'infanterie, à la mémoire de
nos morts.

Dans le secteur de Craonne, que la division
d'infanterie avait occupé le 11 décembre, le P. C.
de la Division est à Roucy, village fort bombardé. Un obus fait écrouler la maison du no-
taire pendant une séance du Conseil de guerre,
un autre pendant le déjeuner, entre sans passer
par le planton dans le vestibule qui mène à la
salle à manger du général MANGIN, lequel se-
coue la poussière des platras et continue de
fumer sa pipe.

La Division jouit d'un repos relatif jusqu'en
mai 1915. Il y a cependant à signaler les opérations sur la ferme du Choléra et les durs
combats du 36ᵉ régiment d'infanterie au bois
de la Mine.

Le 16 mai, la Division part pour Fismes, où
elle reste jusqu'au 22. La population accueille
nos troupes comme elles le méritent : fort bien.

Nos musiques jouent : échange de bons procédés. Le 22, départ. « Ça chauffe » à Neuville-Saint-Vaast.

Autobus parisien échoué entre les lignes.

Neuville-Saint-Vaast. — Le portique.

NEUVILLE-SAINT-VAAST

Le village de Neuville-saint-Vaast, situé entre
la route de Lille constituait une véritable forteresse allemande. Cette position, qui pouvait
empêcher toute avance ultérieure sur Vimy,
nous gênait considérablement. L'ennemi, comprenant l'importance tactique du village l'avait
organisé sans relâche, reliant les caves entre
elles par des boyaux souterrains, plaçant des
mitrailleuses aux soupiraux, crènelant les murs,
construisant des fortins aux points importants
et des barricades dans les rues, et il était parvenu à faire de Neuville-saint-Vaast un véritable
fort disposant d'une garnison nombreuse, de
dépôts de vivres, de nombreuses armes auto-
matiques et de plusieurs canons, Le haut com-

mandement français avait décidé d'enlever la
la place coûte que coûte et la 5e division arrivait
pour faire cette besogne de géants.

Le 23 Mai, nous débarquons à Doulens, le 25
nous sommes transportés en camions automo-
biles dans la région de Haute-Avesnes et de
Frevin-Capelle et nous relevons dans la nuit
même les 11e et 39e divisions. Le P: C. du
général MANGIN est à la ferme Brunehaut.

Quand les nôtres eurent suivi les 10 kilomètres
de boyau qui, de Mareuil conduisaient aux
premières lignes, ils purent contempler la plaine
grise, infinie, vaste désert plat ravagé par les
obus, balayé par les balles. Au Nord-Est apparaissent le bois de la Folie et les crêtes de Vimy
et de la Folie qui s'abaissent jusqu'à Neuville-
saint-Vaast. Nos premières lignes mordent la
lisière Sud du village dont les murs blancs,
troués, émiettés, abritent ceux qu'il nous va
falloir déloger.

Le régime du secteur est dur ; chaque jour
l'ennemi bombarde méthodiquement nos positions. Les mines, les obus de 105, 150, 210 et
parfois de 305 s'acharnent sur nos premières
lignes, sur la Targette, sur les Ouvrages-Blancs,
sur Écoivres, sur Mareuil. Les tranchées
s'éboulent et dès qu'il pleut, la boue devient

une ennemie, une terrible ennemie de plus.

Malgré les difficultés de toutes sortes, notre préoccupation constante est de harceler l'ennemi, de le meurtrir, de lui arracher morceau par morceau le village convoité. Chaque jour, dans Neuville-saint-Vaast, c'est la lutte de maison à maison, la plus dure qui soit. Il faut de la cohésion dans l'effort, mais aussi et surtout du courage individuel. C'est le pan de mur qui vomit des balles et qu'on abat à coups de pioche, c'est la mine que l'on construit à deux pas de l'ennemi, c'est la lutte de porte à porte, de fenêtre à fenêtre, c'est le logement devenu forteresse que l'on escalade et que l'on garde malgré le retour offensif de l'allemand, c'est la pierre qui s'écroule, le plancher qui s'effondre, l'incendie qui s'allume, le gaz asphyxiant qui s'infiltre, l'embuscade au couteau, c'est l'horreur sans le grand air libre, loin des camarades et des chefs, au milieu des ruines fumantes, dans un vacarme fou d'obus qui s'abattent en sifflant.

Cette lutte là nous l'avons menée sans arrêt, sans désespoirs, sûrs du résultat.

Afin de faciliter les ordres, le Général fait dresser un plan du village où les maisons sont désignées par des groupes de lettres. Ceux qui

ont vécu ces heures rouges se souviennent
encore de la maison G. 3 (pour n'en citer qu'une)
véritable fortin qui nous causa tant de pertes.
Le 36e régiment d'infanterie s'empare le 29 Mai
de la maison **A** ; le 30 il progresse encore. Jusqu'au 31, nous luttons pied à pied. L'ennemi
comprenant le danger, bombarde de nuit et de
jour. Le 1er Juin, nous faisons une attaque
générale. Le 3e bataillon du 36e régiment d'infanterie s'empare en quelques instants d'un pâté de
maisons et d'une barricade. Le capitaine Roy
est blessé mortellement, le capitaine GIRARD
s'élance à la tête de la 9e compagnie sur la trop
fameuse maison G. 3. Le combat devient très
dur ; un fort incendie se déclare et la fumée
aveugle nos hommes. Les mitrailleuses ennemies tirent sans arrêt. Un peloton du 129e régiment d'infanterie accourt ; une nappe de gaz
asphyxiant l'arrête. La préparation d'artillerie a
été insuffisante. Malgré les exploits des Rault,
des Lebosquain, des Loisnel, des Massé, il faut
renoncer à prendre le village ce jour là. Pendant
la nuit, le combat continue de maison à maison.
Une de nos grenades fait exploser les gar-
gousses d'un canon de 77 placé derrière une barricade ; profitant du désarroi de l'ennemi, nous
sautons sur la barricade et nous l'occupons

mais l'ennemi revient en force et nous chasse. Du 2 au 5 Juin, même lutte, même héroïsme. Chaque jour nous poursuivons nos progrès. La maison G. 3, bombardée par notre artillerie lourde, attaquée à plusieurs reprises résiste à nos assauts. Le 5, nous attaquons à 14 h. 35.

Sur la gauche, le 36ᵉ régiment d'infanterie s'élance par 4 fois sur G. 3 ; le feu ennemi est terrible ; sur la droite, le 129ᵉ avance sous un orage de fer. Les compagnies Chauvelot et Ménager progressent et s'emparent de plusieurs maisons que le génie organise — le bataillon Chassery du 36ᵉ vient les renforcer. Nous avons mordu sérieusement sur le village, et fait des prisonniers. Nous avons subi des pertes sévères et l'héroïque chef du 129ᵉ, le colonel Denis-Laroque est tombé pendant l'action.

L'attaque reprend, plus violente encore au petit jour, le 8 Juin, le début n'est pas heureux.

Le bataillon Mathieu du 39ᵉ régiment d'infanterie ne peu déboucher et le génie essaie en vain de faire sauter la maison G. 3, mais à 5 heures, nous parvenons à prendre pied dans le boyau de Neuville et nous nous emparons de la maison G. 4. Le capitaine Trinité et le Sous-lieutenant Tenot, du 36ᵉ régiment d'infanterie, profitant de la fatigue de l'ennemi s'élancent et entraînent le reste du bataillon Voisin. L'ennemi, en toute hâte, envoie des renforts et son artillerie fait barrage. Nous demandons une contre-batterie énergique.

A 8 h. 15, un bataillon du 125e régiment d'infanterie placé sous les ordres du colonel commandant le 36e régiment d'infanterie enlève un pâté de maisons et le 36e s'empare d'une barricade et d'un nouveau blockhaus. Le village disparaît dans la fumée de la fusillade et des grenades. Le régiment à 10 heures, marche sur le Carrefour du Chemin des Carrières. Le bataillon Chassery vient renforcer les bataillons Voisin et Craplet.

Le bataillon Voisin, infatigable, avance toujours et prend d'enfilade des tranchées ennemies du Chemin des Carrières pendant que le bataillon Dicharry du 39e régiment d'infanterie s'empare à l'est du village d'un groupe de de maisons proche de la Verte-rue.

A 14 heures, la garnison ennemie de E, 11, maison qui borde la Grande Rue, est cernée. Elle refuse de se rendre. L'artillerie allemande, qui recule son barrage, l'écrase.

Le bataillon Chassery, admirable d'entrain, continue de progresser et à 15 heures, l'ennemi en déroute, abandonne le Chemin-des-Carrières et fuit en désordre vers les Cinq-Chemins que nos canons prennent immédiatement sous leur feu.

La nuit tombe, nous consolidons nos positions malgré l'artillerie ennemie qui fait rage. Le bataillon VOISIN réclame l'honneur de tenir sur place. La nuit se passe en travaux hâtifs, on transporte les blessés à l'arrière, on réorganise les unités, on apporte les munitions. Le 19, dès le petit jour, notre préparation d'artillerie commence.

Vers 9 heures l'attaque reprend : 39ᵉ à droite, 36ᵉ au centre, 125ᵉ à gauche. Nous avons hâte d'en finir. Le bataillon de LIGNIÈRES, du 39ᵉ régiment d'infanterie, enlève un saillant ennemi à la sortie sud-est de Neuville, une barricade, et avec le concours de la compagnie du Génie 3/3, relie le saillant à la tranchée française qui conduit au cimetière. L'aspirant JOLY, avec quelques braves, s'empare de la barricade du Chemin-Creux. Le bataillon DICHARRY et le bataillon JEISSEN enlevaient à 11 heures le reste du village dans une ruée irrésistible.

Le 125ᵉ complète le succès en prenant le Chemin-des-Carrières, et le bataillon CHASSERY, qui débouche à l'est de la Verte-Rue, nettoie la droite du village. Pendant qu'il achève le travail qu'il a si bien commencé, le Commandant Chas-sery tombe mortellement frappé. « Mon seul regret, s'écrie-t-il, est de ne pas vous conduire jusqu'au bout. Vive la France ! »

Le village est à nous, 1.000 cadavres allemands jonchent les ruines. Nous avons pris 3 canons de 77, 800.000 cartouches, 1.000 fusils, 2 flammenwerfer et de nombreuses mitrailleuses.

C'est à Neuville-saint-Vaast que nos troupes ont pour la première fois été mises à l'épreuve de la « Guerre d'usure », mot hideux si nous le considérons avec son sens littéral mais qui évoque toute la grandeur des sacrifices consentis et journellement répétés par ceux qui rêvaient de charges héroïques et qui ont dû subir la guerre telle que l'ont voulue ceux d'outre-Rhin.

LES ATTAQUES D'ARTOIS

Relevée le 11 Juin, la division s'en va au repos dans la région de Sus-Saint-Leger où elle reste jusqu'au 5 Juillet; puis nous reprenons le secteur de Neuville-saint-Vaast sur lequel l'ennemi s'acharne. Les obus et les minen tombent nuit et jour. Nous organisons la défense et nous harcelons vigoureusement l'adversaire jusqu'à la relève qui a lieu le 3 Août. Nous stationnons dans la région de Houvin-Houvigneul, ensuite dans la région de Berles et de Haute-Avesnes. Dans cette période, la journée du 11 Juillet eut un éclat particulier. Nous apprenons que le régime des permissions est institué. Le Barde Botrel qui vient nous visiter le 18 Septembre les célèbre dans ses chansons, mais son lyrisme est impuissant à exprimer tout ce que nous avons mis dans ce mot nouveau pour nous : La Permission!...

Le 5 Septembre, la division qui devait être baptisée par le général d'Urbal « La division de Neuville-saint-Vaast » reprend « Son Secteur ».

Déjà des bruits d'offensive circulent, grossissent, se propagent, s'infiltrent dans les P. C. et les abris. On les accueille avec l'espoir de les savoir fondés et de réaliser au plus vite le désir unanime : bousculer l'envahisseur.

Jusqu'au 24 Septembre, nous préparons l'attaque. Notre artillerie bombarde les premières lignes ennemies, nos grenadiers luttent aux têtes de sapes, protégeant les travailleurs du génie qui creusent des galeries de mine dans la direction du Moulin détruit.

Le 25 Septembre, est le grand jour attendu.

Notre zône d'attaque est limitée au Nord par la tranchée des Cinq-Chemins et le château de la Folie, au sud par le cimetière de Neuville, le chemin des Saules et le bois de la Comté. 1.500 mètres de terrain découvert, en pente douce, menant à la crête que nous voulons atteindre, crête jalonnée par la ferme de la Folie et le Château. L'ennemi est fortement retranché sur deux lignes successives. La tâche sera rude, d'autant plus qu'un terrible orage, le 23 Septembre, a transformé les boyaux en fondrières. Il faut pour avancer arracher les jambes de la gaîne que forme la boue gluante et marcher parfois avec de l'eau jusqu'au ventre. Nous savons que nous prenons part à une attaque sur un large front, qu'en Champagne nos camarades ont déjà emporté les premières lignes allemandes (les bruits de victoire vont vite) et nous ne pensons plus qu'à faire comme eux.

A 7 heures du matin, le 25 Septembre, nous évacuons les parallèles de départ et notre artillerie exécute un tir de destruction sur les défenses allemandes. A 9 heures, les brèches dans les réseaux sont encore insuffisantes et nous continuons le bombardement.

A midi 20, les pompiers de Paris entrent en action avec leurs lance-flammes. La fusillade se déclanche et les mitrailleuses crépitent. Les troupes sont prêtes, le pied sur la 1ere marche des escaliers d'assaut et à midi 25 la première vague franchit le parapet dans un superbe élan, mais elle est fauchée par des balles.

Cependant, à droite, la 5e compagnie du 129e a pu progresser et prendre pied dans la tranchée Brune et le Vert-Halo. Elle pousse jusqu'au chemin des Saules. En face de la Dent, la 6e compagnie du 129e se barricade et lutte à la grenade.

Sous le commandement du colonel JEZE, le 36e s'est élancé à la même heure ; le commandant des MARANDS le sabre à la main surgit le premier sur le parapet : une balle le frappe mortellement. Le capitaine Rozan, le lieutenant Bejot tombent. Les 11ᵉ et 12ᵉ compagnies se terrent devant le Vert-Halo ; plus au Nord, le bataillon Roig doit s'arrêter sous la grêle de balles et d'obus, mais à 13 h. 30 il enlève la tranchée du Vert-Halo dans un combat farouche, l'organise et s'avance vers la maison de Garde. A sa gauche et à sa droite, les forces ennemies affluent. Le commandant Roig donne l'ordre de reculer et c'est en faisant le coup de feu avec ses hommes qu'il tombe. Plus au Nord, la 7ᵉ compagnie, entrainée par le lieutenant Kahn, a atteint la tranchée des Déserteurs où la rejoint la 8ᵉ compagnie qui vient de prendre 2 mitrailleuses dans la tranchée des Saules. Le combat continue, acharné. Le soldat Marie, entouré, tue 3 allemands et se dégage, le capitaine Legras, gravement blessé refuse de quitter ses hommes.

A 16 heures, la 2ᵉ vague vient renforcer la 1ʳᵉ vague sur les positions conquises dans des conditions très difficiles. La plaine est balayée par des mitrailleuses et des obus, les boyaux sont bouleversés par les deux artilleries, et la boue est effroyable.

A 16 h. 30, profitant d'un recul de l'ennemi, la 1ʳᵉ compagnie du 36ᵉ s'élance dans le chemin Creux de la Folie que le commandant CRAPLET organise immédiatement. La 3ᵉ compagnie bouscule les dernières défenses du Vert-Halo et arrive à 400 m. du bois de la Folie.

A 17 heures, le 129ᵉ s'empare de la Dent et fait 100 prisonniers.

Les bataillons AUBRY et LACHEVRE du 74ᵉ constituent la 3ᵉ vague. Ils ont le plus grand mal à prendre leur position de départ. Dans ce terrain bouleversé les liaisons sont extrêmement difficiles. Placés derrière la 2ᵉ vague, ils attendent l'ordre de se porter en avant. A 17 h. 40, le bataillon CHAMBOUILLAT du 74ᵉ est mis à la disposition de la 9ᵉ brigade. Il subit un tir toxique qui lui cause de lourdes pertes. Il se porte cependant sur ses positions pendant la nuit. L'ennemi s'acharne sur nos lignes et surtout sur Neuville-saint-Vaast que les troupes doivent traverser pour se porter en avant. Le village est un enfer. Le général MANGIN s'y trouve au lieu dit « Le Portique ».

Le 26 Septembre, le général constitue deux groupements : le 1ᵉʳ sous les ordres du général de THUY, le second sous les ordres du colonel VIENNOT. Le 39ᵉ est réserve de division.

A 2 h. 30, l'ennemi contre-attaque mais ne parvient pas à nous refouler. La veille, à

17 heures, le 274e avait, sous les ordres du
colonel GUERRY, reçu l'ordre de se porter sur le
chemin creux de Neuville à la Folie. Il s'était
acheminé par les boyaux sous un bombardement formidable et n'était parvenu au point
indiqué qu'à 3 heures du matin le 26. Il se déploie face à l'est et à 6 h. 45 attaque dans la
direction de la ferme de la Folie. Le brouillard
est intense, les 21e, 22e, 23e, et 24e compagnies
franchissent le Vert-Halo, le Chemin-des-Saules
et parviennent à la tranchée que venait de construire le 36e. Dès qu'elles veulent déboucher de
cette tranchée, une fusillade nourrie les accueille, mais avec un admirable courage, elles
avancent. (Le capitaine GRAMONT de LESPARRE
tombe). Elles rencontrent les 18e et 20e compagnies
du bataillon de ROUSTIC : « nous allons au bois
de la Folie, venez avec nous » et tous s'élancent.
Les 21e et 22e parviennent à quelques mètres de
la tranchée ennemie mais, décimées, s'arrêtent.
Le commandant d'ASSONVILLE lance au centre
une section sur la barricade du Chemin-Creux,
cette section doit se terrer sous une grêle de balles.
Le lieutenant HUBEAU du 74e régiment d'infanterie groupe des éléments épars de son régiment,
va trouver le commandant LACHEVRE et demande
l'autorisation d'appuyer l'attaque du 274e. Le

commandant est blessé peu après et le lieutenant HUBEAU prend le commandement, escalade la tranchée des Déserteurs et s'avance sur le boyau des Communs. L'ennemi qui l'occupe en force lui crie de se rendre. HUBEAU, étourdi par une balle qui est venue frapper son casque fait coucher ses hommes, résiste sur place et, à la nuit, rentre dans nos lignes avec deux survivants sur les 40 braves qui l'avaient suivi.

A la même heure, le bataillon AUBRY, du 74e, se jette sur la tranchée U U, trois fois repoussé il revient à sa position de départ et se barricade.

A 13 h. 30, le 74e et le 129e se ruent sur l'ennemi mais ne peuvent progresser et doivent revenir dans le Vert-Halo.

A 18 h. 40, on nous dit qu'une brigade de la 24e division d'infanterie occupe les Tilleuls et que la cavalerie peut passer.

Nous nous apprêtons à suivre le mouvement. C'est la percée! Hélas! fausses nouvelles! Cependant les deux journées ont été bonnes; malgré la résistance acharnée de l'ennemi, plusieurs lignes de tranchées sont tombées entre nos mains, nous avons pris un nombreux matériel et plusieurs centaines de prisonniers appartenant aux régiments de la Garde allemande. Le 27 et le 28 la situation reste stationnaire, mais dans les tranchées le combat ne cesse point. La 3e compagnie du 74e chante la *Marseillaise* en luttant à la grenade dans la tranchée R. S. Jusqu'au 9 octobre nous tenons le secteur malgré les contre-attaques de l'ennemi, nous nous accrochons au terrain conquis, progressant dans les boyaux, établissant des barrages de sacs à terre dès que nous avons pu gagner quelques mètres, luttant sans trêve au fusil, à la grenade, à la baïonnette dans les tranchées bouleversées par l'artillerie ennemie. Le 9 nous allons au repos.

Pendant les attaques d'Artois, la Division a manifesté brillamment son mordant, son entrain, sa ténacité et la Garde prussienne put constater qu'une guerre d'usure serait difficile contre un peuple qui savait mourir en chantant et qui apportait dans chaque situation nouvelle les qualités qu'il fallait pour résister, lutter et vaincre.

La Division s'en va au repos le 8 octobre, dans la région de Sus-Saint-Léger. Le 21 elle est passée en revue par le Général d'URBAL, qui félicite les troupes de leur conduite héroïque et embrasse le Général MANGIN.

Nous embarquons le 24 à Frevent et nous débarquons à Ailly-sur-Noye, dans la Somme, où nous restons jusqu'au 14 novembre. Le 14, le train nous transporte à Villers-Bretonneux, où nous manœuvrons sous la direction du Général Foch et le 12 décembre, nous partons par voie ferrée pour nous arrêter à Mericourt-sur-Somme.

Eglise du Mont-Saint-Eloi.

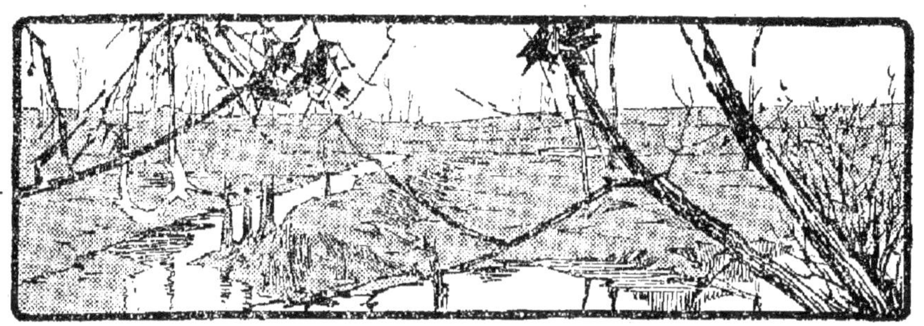

Les tranchées près des marais.

FRISE

Le 10 décembre, nous relevons la 6e Division dans le secteur de Frise.

En temps de paix, Frise était un charmant petit village où se donnaient rendez-vous, à la belle saison, les Picards amateurs de pêche et de chasse au marais. Adossé au canal qui contourne la boucle de la Somme, Frise ne constituait dans nos lignes qu'un réduit de flanc-garde. Les alentours, en effet, n'offrent aucun débouché pour une attaque, car les marais qui s'étendent dans la boucle de la rivière opposent à l'envahisseur, venant de l'Est, une barrière pratiquement infranchissable. A cette époque, nous occupions le bourg qui était dominé par la crête toute proche. Position difficile, précaire, car si l'ennemi parvenait au canal, la garnison était coupée de toute communication et perdue.

Notre secteur était limité au Sud-Est par la vallée de la Luce et jalonné en ligne droite par le bois Hache, le bois Triangulaire et le bois Commun.

Tout d'abord l'ennemi semble peu actif. Les pluies abondantes ruinent les parapets et les abris. Dans ce terrain bas et marécageux, la boue est effroyable et le travail exténuant ; la guerre de mine est opiniâtre de part et d'autre.

L'artillerie de tranchée nous cause des pertes sérieuses. Les grosses bombes écrasent nos abris, ensevelissant la garnison qui est la plupart du temps dégagée à la hâte par les voisins.

Cependant, à partir du 10 Janvier, les patrouilles ennemies sont nombreuses et agressives ; l'artillerie allemande devient active sur Frise, le Moulin, le bois Hache, le bois de la Vache et les premières lignes.

Le 24 Janvier, les tirs augmentent d'intensité sur la région de Frise et du bois Hache. Les obus de 210 font leur apparition.

Fontaine-les-Capy et Capy sont bombardés par gros calibre. La population civile s'enfuit... Nous voyons une fois de plus sur les routes les lamentables cortèges des villageois fuyant sous la mitraille.

Cependant, aucun tir massif indiquant une attaque prochaine.

Le 28 Janvier, à 7 h. 20 l'ennemi, qui a fait discrètement ses réglages les jours précédents, déverse sur nous un orage d'obus. Etant en liaison au Nord avec les Anglais nous demandons immédiatement l'aide de l'artillerie britannique : elle ouvre le feu. Nos batteries soumises à de violents tirs lacrymogènes tirent sans arrêt. Le bombardement ennemi s'étend, s'abat sur les lignes, sur les villages, sur nos arrières. Nos canons de tranchée ouvrent le feu. A 11 heures, le bombardement se concentre au Nord sur la carrière de l'Éclusier, sur le bois de la Vache et le moulin de Frise, nivelant les tranchées, effondrant les abris. Toute la région disparait dans une fumée noire où luisent de brefs éclatements rouges.

A 15 h. 15, l'infanterie allemande débouche de ses tranchées se dirigeant sur le bois Hache ; notre barrage est déclenché, nos mitrailleuses crépitent. L'ennemi pénètre dans le bois Hache où nos organisations ont été bouleversées et s'en empare. Le 322e territorial qui occupe le bois, surpris par la soudaineté et la violence de l'attaque perd pied et recule. L'ennemi poursuit son succès et enlève le bois Signal. Immédiatement la 1e compagnie du 129e tente d'enrayer l'avance, lutte pied à pied à la grenade, oblige l'ennemi à refluer et réoccupe la ligne de contre-attaque qu'elle avait perdue pendant un court moment.

Le colonel WALZI commandant le 129e organise la défense.

1/2 heure après l'attaque du bois Hache, le village de Frise a été fortement attaqué. Nous sommes sans nouvelles du bataillon du 129e qui l'occupait. Aucun agent de liaison n'est parvenu à nos postes de commandement au début de l'affaire et l'ennemi a coupé, nos communications avec le village. A 17 h. 20, le général MANGIN donne l'ordre au 129e de contre-attaquer et de récupérer par tous les moyens le terrain perdu.

L'ennemi s'est rapidement retranché sur les positions conquises et son artillerie fait rage. Toute la plaine est un brasier. A 19 heures, nous apprenons que le bois de la Vache est perdu. Une reconnaissance se dirige par le chemin de halage sur Frise. Parvenue au poste de secours du bataillon de Frise, elle apprend qu'aucun blessé n'y est arrivé. Elle poursuit son chemin, mais, arrivée à la passerelle du moulin, une rafale de mousqueterie l'arrête... La brigade anglaise de Suzanne envoie une patrouille dans la même direction. L'officier qui la commande et les hommes de la patrouille ne reparaissent pas. L'ennemi est maître du village. Il est manifeste qu'il cherche à avancer en longeant la rivière et à nous déborder. Il continue son bombardement d'enfer pendant toute la nuit. Le froid est vif... la boue glacée envahit de plus en plus nos tranchées éboulées.

La situation est critique, car le coup a été violemment porté.

A nous de frapper !

Le 29 Janvier, le 1er bataillon du 129e contre-attaque sur le bois de la Vache qui n'est plus qu'un amas de bois brisé où émergent des tronçons d'arbres écorchés. La 9e compagnie enlève une 1re barricade, puis une seconde, puis une troisième. Elle doit s'arrêter sous le feu des mitrailleuses qui tirent sans arrêt.

La 10e compagnie attaque sur le bois Signal, enlève une barricade et doit se terrer ; la 12e fait sa jonction avec elle peu après.

En dépit du bombardement, le 274e s'avance par la route Capy-Herbecourt et parvient à l'Eclusier à 8 h. 30 ; le brouillard est épais. On décide une attaque brusquée. Les 22e et 24e compagnies s'élancent sur le bois Signal où elles progressent à la grenade, la 18e et la 19e sur le bois de la Vache; les hommes s'avancent en rampant sous les gerbes de balles, mais les mitrailleuses les arrêtent. L'ennemi déclenche un tir de barrage effrayant qui nous oblige à reculer jusqu'au rebord de la crête.

Pendant ces combats farouches, le 24e régiment d'infanterie coloniale venu en renfort s'apprête à relever le 322e territorial sur ses positions. Le bombardement est d'une violence telle que la 6e compagnie du 24e régiment d'infanterie coloniale ne peut avancer. Une attaque allemande paraît imminente. Elle se produit à 15 h. 30, l'ennemi attaque pour agrandir la brèche qu'il a pratiquée la veille dans nos lignes. Les compagnies du 322e territorial se replient. Le 129e et le 24e régiment d'infanterie coloniale se maintiennent sur leurs lignes et attaquent le flanc de l'assaillant. L'ennemi réussit cependant à atteindre le bois Vierge, mais ses progrès sont limités par un groupement du 129e commandé par le lieutenant Martin qui oppose à l'assaillant une résistance forcenée. La 1re compagnie du 129e le repousse à la grenade. La nuit tombe ; les obus s'abattent sans arrêt.

Les journées du 30 et 31 Janvier se passent à creuser des boyaux, à réparer hâtivement les

tranchées. Pendant la nuit, nous établissons
devant le bois de la Vache une parallèle de départ qui est terminée le 1ᵉʳ Février. De part et
d'autre, les batteries tirent sans relache... Le
bois de la Vache n'est plus qu'un mamelon
labouré où des piquets qui furent des arbres
hérissent vers le ciel des lambeaux de bois
mort.

Le 4 Février, le bataillon Noel du 22ᵉ régiment d'infanterie coloniale fait reculer l'ennemi
à la grenade. Il poursuit son avance le 5 et le 6.
Le 274ᵉ enlève une tranchée à la lisière sud du
bois de la Vache. A la grenade nous harcelons
l'ennemi qui cède du terrain. Combat lent,
pénible, sur un terrain dévasté. Le 7, l'attaque
générale est décidée. Notre artillerie exécute sa
préparation. A 13 heures elle allonge le tir et
l'infanterie se porte en avant. La 23ᵉ compagnie
du 274ᵉ enlève la tranchée de Serbie et la garde.
A 16 heures, nouvelle préparation d'artillerie.
Le 274ᵉ et le 22ᵉ régiment d'infanterie coloniale
s'élancent de nouveau, mais épuisés par dix journées infernales, arrêtés par un violent barrage
d'obus et de mitraille, sans abris, leur élan se
brise. Ils s'arrêtent.

Le 8 Février, nous nous emparons du bois
Signal, le 9 de la partie ouest du bois de la Vache,

le 10 une contre-attaque ennemie est repoussée
à 6 h. 30, une autre plus violente, subit le même
sort et le 13 Février, le 7e régiment d'infanterie
coloniale qui a relevé le 22e régiment d'infanterie
coloniale, enlève dans une ruée irrésistible le
bois de la Vache, s'empare de nombreux prisonniers et d'un matériel important. Les efforts
de nos régiments, du 22e régiment d'infanterie
coloniale, du 7e régiment d'infanterie coloniale,
ont leur récompense. L'ennemi garde Frise,
mais sans en tirer aucun avantage et l'attaque
allemande qui avait de grands desseins doit se
contenter d'un succès local. Nous avons tenu.

Tenir! C'est à Frise que ce mot qui à Verdun
va devenir un symbole prend déjà sa véritable
signification. Refoulé dans la guerre de mouvement, l'ennemi cherche désormais à nous vaincre par la supériorité du matériel. L'essaim des
lourds obus s'est abattu sur nous, sans arrêt,
les balles nous ont environnés de leur vol
mortel; nous avons vécu dans la boue glacée,
sans abris, et nous avons tenu. La ténacité française est une nouvelle vertu qui se manifeste,
aussi grande, aussi belle que la légendaire
« Furia ». Elle est faite de volonté sagace, de
maitrise de soi, et aussi de la philosophie tra-
ditionnelle qui s'exprime chez nous dans le dic-

ton paysan : « *La vie n'est jamais si bonne ni si mauvaise qu'on le croit* », dicton que le poilu traduit par la maxime « Faut pas s'en faire ». La formule est triviale sans doute, mais témoigne une haute acceptation du devoir chez un peuple que les sots disaient indiscipliné et qui n'était qu'épris de la liberté pour laquelle il a su combattre inlassablement.

Marais de Frise.

Le fort de Souville.

VERDUN (1re partie)

Le Bois de la Caillette

Verdun, la cité héroïque que toute la France est venue défendre, n'est plus qu'une ville moribonde. Chaque jour l'ennemi la bombarde. De loin, quand on aperçoit les deux clochers de sa cathédrale, on douterait presque de la dévastation que l'on trouve en parcourant ses rues silencieuses bordées de façades mortes... Nulle rumeur de la vie coutumière, mais des éclatements tout proches suivis des bruits en cascade que font les murs qui s'écroulent et les tuiles brisées qui tombent sur le sol, les cahots sonores des voitures militaires qui se hâtent et, au loin, un roulement sourd, ininterrompu, qui parfois s'étend, grandit quand les crêtes de Belleville et de Marceau, s'allument... On se bat au loin ! La voix rageuse des canons hurle plus fort au milieu des obus qui les assaillent, les batteries semblent se multiplier et font comme un bruit de mousqueterie géante... Puis, le vacarme décroit et seul subsiste le roulement sourd, ininterrompu, qui est le rythme normal de la bataille...

Nous avançons par le faubourg Pavé... Déjà des obus s'abattent tout près de nous. Nous tournons à gauche sur le chemin qui franchit la voie du chemin de fer. La nuit tombe. Le feu des pièces qui aboient projette sur la terre de brefs éclairs qui illuminent fantastiquement le paysage.

Brusquement, tout s'embrase ; des collines partent des lueurs brèves, si nombreuses, que le ciel cesse d'être sombre, les fusées au loin jaillissent, jalonnant la ligne de feu d'étoiles multicolores, une sorte d'aurore dansante, blafarde, illumine la plaine et donne des reliefs monstrueux au terrain dévasté, gratté par le passage de tous les hommes qui vont au combat ou qui en reviennent. Là-bas, les nôtres ont demandé protection. Le barrage est déclenché. Les sections de munitions d'artillerie passent au grand trot, secouant leur ferraille. Gare !

Voici les casernes MARCEAU ou plutôt ce qu'il

en reste : quelques pans de murs. Nous avançons, et le paysage change encore. Nous sommes
sur le champ de bataille.

Une odeur fade nous assaille; c'est l'odeur
qui va nous suivre, persistante, odeur d'humus,
de chairs putréfiées, odeur de mort que nous
allons trouver partout, dans les tranchées, dans
les boyaux, sur les chemins, dans les forts, odeur
qui gâte les aliments, empeste l'air et donne à
ceux qui viennent un sinistre avertissement. Les
chansons cessent. Le sac paraît plus lourd.
Nous allons sur le chemin de Souville, trébu-
chant dans les trous d'obus. Sur les côtés de
la route, des voitures éventrées hérissent leurs
brancards vides et les arbres déchiquetés semblent être des squelettes d'arbres. Une gigantesque langue de feu jaillit près du chemin dans
un bruit déchirant : un de nos 155 vient de tirer.
A 1000 mètres devant nous, sur une éminence,
des éclatements formidables ébranlent l'air :
c'est le fort de Souville qui reçoit sa ration de
fer et de feu.

Nous sommes arrivés à la Fourche. Mauvais
coin, passons vite ! Nous voilà sur la route de
Fleury. La dévastation est complète, infinie. Les
visages deviennent graves. Devant nous, une
crête où des arbres frissonnent encore. C'est

Vaux-Chapitre. Attention ! voici la chapelle
Sainte-Fine. Les gradés conseillent de hâter le
pas. Une légère montée, une descente en pente
douce, puis un croisement de routes, nous
prenons à gauche. Voici Fleury. Le village
qui fût un gros bourg dominé par le chapeau
pointu d'un clocher, où donc est-il ? Nous ne

Fleury avant la bataille.

Fleury après la bataille.

voyons que des amas de terre remuée, quelques
pierres. Plus de maisons, plus de murs, plus
de rues. La cloche de l'église criblée d'éclats,
écornée, tombée sur des gravats témoigne seule
de l'existence d'un village. Parfois des éclats
tirent du bronze des sons plaintifs. Nous approchons des premières lignes. De toutes parts, les
rugissements nous environnent. Les obus tombent sans arrêt. A notre droite, dans le ravin
des Fontaines, c'est une pluie incessante de
mitraille, un bruit de tonnerre qui roule sans

fin. Une salve arrive toute proche. Où est le boyau? Il n'y a pas de boyau. Ce n'est pas un secteur, c'est un champ de bataille, le plus terrible qu'on ait vu. On s'en va vers les positions, courbant le dos, tirant les jambes de la terre sans autre point de repère que les cadavres des cuistots et des hommes de soupe, qui jalonnent le chemin. De tous les côtés, sur terre, dans le ciel, devant nous, derrière nous, les éléments de morts hurlent, luisent, crépitent, tous les démons de la poudre, tous les gnômes de la pestilence se heurtent, se croisent, s'acharnent, dans un vacarme fou, prenant possession des hommes, de la terre, des bois, des prés, brulant les herbes, tordant les arbres, défonçant la glèbe, empoisonnant les sources, luttant contre tout ce qui vit, contre tout ce qui aime. C'est l'empire de la mort.

Nous arrivons sous l'orage. Quelques trous d'obus reliés par des tronçons de boyaux profonds de 50 centimètres : voilà la ligne de défense. Ceux que nous remplaçons se hâtent de partir vers le sud, sans gaieté. Il leur reste encore tant de dangers à éviter, tant de souffrances à supporter avant de sortir du champ de bataille! 4 kilomètres à parcourir avant de pouvoir dire « ouf »! et humer la première bouffée d'air pur!

Nous nous terrons sous la ruée des obus. La nuit passe. Voici l'aurore ! une aurore froide, verte, qui se traîne tristement sur la terre meurtrie et donne aux visages le reflet blême des faces trépassées...

La situation est critique.

Au Sud-Est de Douaumont, l'ennemi vient de nous enlever les tranchées qui gardaient le ravin de la Caillette, formant ainsi dans nos lignes un saillant dangereux et il fait tous ses efforts pour agrandir la trouée.

Immédiatement, le 2 Avril, le 74e régiment d'infanterie, sous le commandement du lieutenant-colonel Brenot, se prépare à l'attaque. A 6 h. 10, le 3 Avril, les bataillons Aubry et Chambouillat s'élancent. Malgré les barrages la 1re vague atteint la tranchée des Chasseurs dont la garnison s'enfuit vers Douaumont ; à gauche, la 6e compagnie parvient à la tranchée Baur. Le bombardement par obus de tous calibres est intense, il nivelle la tranchée des Chasseurs. Le 1er bataillon s'y accroche cependant, se dégage des avalanches de terre. Son chef, le brave commandant Chambouillat est tué, son adjudant-Major, le capitaine Oster est mortellement blessé. La progression continue dans le boyau Baur jusqu'au boyau Goudot. Nos hommes

luttent à la grenade, au milieu des hautes gerbes de fumée qui projettent dans les airs des
débris noirs, avancent, s'emparent du terrain
pied à pied.

Ce premier succès était un heureux début.
Nous avions rejeté l'ennemi sur les glacis du
fort de Douaumont mais il fallait faire davantage,
conquérir chez l'ennemi les tranchées qu'il avait
patiemment organisées et dégager complètement
le bois de la Caillette.

Le général MANGIN prend le commandement
du secteur le 3 Avril. L'État-Major de la division
arrive au fort de Souville.

Une voûte fermée par une porte de fer criblée
d'éclats : c'est la porte du temps de paix du fort
de Souville. Une sentinelle blottie à l'abri d'un
mur écroulé l'entrouvre et nous traversons vite
la cour de la Boulangerie pour atteindre les
galeries. A l'entrée, des brancardiers attendent
le moment propice pour passer entre deux
rafales. Un couloir dont l'obscurité est trouée
de la lumière jaune des lampes tempête, puis un
autre, plus étroit, en forme de demi-voûte, un
escalier, puis une descente en pente douce, un
autre escalier haut, rapide et une large voûte
par laquelle on accède aux casemates ; nous
sommes dans les abris sous roc. A droite c'est

le P. C. du général, à gauche, ce sont les chambres où la garnison du fort vit dans une atmosphère insupportable, chargée de fumée âcre et de relents indéfinissables.

Dans les couloirs, c'est le va et vient régulier des corvées, des agents de liaison, des troupes qui vont en lignes ou qui en reviennent. Des hommes portant des bidons, des gamelles pleines, des rouleaux de fil de fer barbelé, des caisses de grenades, passent. Les bras allongés par le fardeau, tête baissée, hâves, couverts de boue jusqu'au col, ils vont vers la porte que les obus font retentir d'un bruit sourd, régulier, continu. Des blessés passent, les uns portés sur des civières, les autres debout, protégeant leur bandage du bras resté valide. L'odeur du champ de bataille s'intensifie dans ces caves où les bougies s'éteignent dans l'air raréfié, chaud, pestilentiel. Sur nos têtes, les éclatements des gros projectiles font trembler les voûtes de leurs coups puissants, menace perpétuelle, annonciatrice des écroulements.

Le 4 Avril, le secteur de la division est divisé en deux sous-secteurs : à droite le colonel MARTENET, à gauche le colonel VIENOT.

Les tranchées soumises à des tirs constants sont inexistantes et les rares boyaux que nous trouvons sont profonds de 50 centimètres. Nous sommes sur un champ de bataille où toutes les organisations défensives et offensives sont à créer.

A 19 h. 30 nous attaquons.

Les 3 bataillons du 74ᵉ se portent en avant. Le bataillon Aubry dépasse le boyau Goudot et s'arrête devant le boyau Hans ; le bataillon Lefevre-Dibon, assailli dès son départ par un barrage terrifiant, ne peut progresser ; le bataillon Moracchini s'approche du boyau Gouy, mais les mitrailleuses l'arrêtent.

A gauche, l'ennemi qui a bombardé sans répit notre 1ʳᵉ ligne, prononce à 14 heures une violente attaque avec 2 bataillons précédés de flammenwerfer et de grenadiers. Le 2ᵉ bataillon du 129ᵉ composé de cavaliers venus en renfort après Frise oppose une admirable résistance. Afin d'être plus alertes, les hommes se mettent en bras de chemises pour lancer les grenades. L'ennemi est repoussé — et quelques isolés qui ont sauté dans la tranchée du colonel Driant sont faits prisonniers. Ses pertes sont considérables.

Le 5, nous redoublons d'efforts.

Le 74ᵉ, malgré des pertes sérieuses conquiert la tranchée Aubry et prend pied dans le fameux boyau Hans situé sur la partie dominante du bois de la Caillette et défendu par des fils de fer et de nombreuses mitrailleuses. Le bataillon LEFEVRE-DIBON s'est élancé avant que notre artillerie allonge son tir et a surpris l'ennemi par la soudaineté de son attaque. Il pousse ses petits postes jusque sur la crête de Douaumont.

Pendant cette journée, le 74e a combattu avec sa vaillance habituelle dans l'un des plus durs assauts que l'histoire ait à enregister pendant la bataille de Verdun.

L'ennemi commence dans la matinée du 7 Avril un bombardement formidable, continu, coupant les communications téléphoniques, bouleversant nos éléments de défense. Ses tranchées se garnissent de fantassins baïonnette au canon. Notre barrage l'arrête.

Ripostons. Le bataillon POUREL du 129e sort de ses lignes, s'empare de la tranchée Morchez et progresse dans le boyau Vigouroux.

Le 8, le 9, les combats à la grenade se poursuivent. Nous arrachons morceau par morceau le terrain disputé.

Le 10 Avril, à 14 heures, l'observatoire de Souville signale un redoublement de violence du bombardement sur nos premières lignes. Une attaque semble imminente. Vers 17 heures, nous déclenchons le barrage et, à 17 h. 15, l'ennemi attaque le saillant de Douaumont soumis depuis le matin à un violent torpillage. Les grenades pleuvent dru, les flammenwerfer projettent leur feu, les gaz lacrymogènes s'étendent sur le terrain bouleversé. Le boyau Hans, la tranchée Driant sont menacés.

L'ennemi ne parvient pas à mordre sérieusement sur nos positions.

Un élément de tranchée perdu par le bataillon MAGUIN est repris par lui dans une énergique contre-attaque. Le 129e, bien que cruellement éprouvé par les luttes qu'il soutient depuis le 3 Avril a résisté victorieusement. L'échec ennemi est considérable ; des monceaux de cadavres allemands gisent devant le saillant de Douaumont. Le 11, l'ennemi recommence. Son artillerie tire trop court et cause dans ses tranchées une terrible hécatombe. Un petit groupe qui nous attaque est repoussé à 13 heures. Le bombardement redouble. A 15 h. 30 l'ennemi s'élance.

A droite, la tranchée Driant est menacée. La compagnie MARION monte sur le parapet pour mieux ajuster son tir et repousse l'assaillant. Au centre, la tranchée Hans attaquée par les flammenwerfer est perdue. Le lieutenant KALTENBACH prend l'initiative d'une contre-attaque immé-

*

diate. Suivi des sous-lieutenants PINEL et CALLES, il s'élance à la tête de deux sections de la 19e compagnie du 274e, reprend la tranchée Hans et fait prisonniers deux officiers et 37 soldats.

A gauche, la 17e compagnie du 274e repousse l'ennemi.

Inébranlables, nos troupes ont résisté à tous les assauts.

Le 15 Avril, le 36e avec un mordant admirable, s'élance hors de ses tranchées, progresse, fait 120 prisonniers. Par 3 fois le lieutenant DAPOIGNY ramène ses hommes à l'assaut, les capitaines SCHAEFFER et DEBIEUX rivalisent de courage, le lieutenant BAILLET, un bras arraché, encourage ses hommes. Les sections CABOUAT et TIERCELIN, entraînées par leur élan s'avancent jusqu'au ravin de la Fausse-Côte où la section de mitrailleuses SAMPIC, fauche les réserves ennemies. Pendant la nuit, le lieutenant-colonel JEZE met de l'ordre dans ses unités, organise le terrain. A 3 h. 45, puis à 4 h. 40, le 16 Avril, l'ennemi contre-attaque. Le capitaine DEBIEUX du 36e ramène au combat les hommes qui se replient, nos mitrailleuses crépitent, mais l'ennemi parvient à regagner quelques éléments de tranchées que nous lui avions enlevés à notre gauche.

Le 17 Avril, nous sommes relevés par la 4e division.

Attaquer ! Ce mot est un refrain qui revient à chaque phrase sous la plume de celui qui relate les combats de la Caillette. L'ennemi nous assaille? pour nous défendre, attaquons ! Il se tient coi? pour le faire reculer, attaquons ! Il fuit? Pour précipiter sa retraite, attaquons !

Dès son arrivée, la 5e division, dans les conditions que l'on sait, a sauté à la gorge de l'ennemi et son étreinte ne s'est pas relachée. Dédaigneuse de ses propres blessures, impassible sous les bombardements continus, elle s'est ruée malgré le fer, le feu, les nappes asphyxiantes, s'accrochant au terrain dès qu'elle ne pouvait plus avancer, reprenant haleine pour s'élancer encore. Elle a montré au cours des combats du 3 au 17 Avril ce que pouvaient faire ceux qui avaient, en même temps que le général PÉTAIN, décidé « Qu'ils ne passeraient pas »

Verdun.

VERDUN (2ᵉ partie)

Douaumont

La division qui s'est refaite pendant un repos d'un mois environ dans la région de Stainville, remonte dans le secteur de Souville, le 19 Mai 1916.

Nous avons la glorieuse et redoutable mission de reprendre à l'ennemi le fort de Douaumont. La tâche parait surhumaine. Ceux qui mesurent des yeux le terrain à parcourir pour arriver sous les murs intacts de la citadelle ne peuvent s'empêcher de frémir à la pensée de se ruer sur les flancs abrupts du géant, point culminant du Champ de Bataille. Bah ! il n'est rien d'impossible.

Dès le 18 Mai, nos 155, 220, 270, 280, 370 s'abattent sur les positions ennemies, les creusent, les émiettent. Le fort, enveloppé d'un nuage de fumée, est labouré par notre artillerie lourde. L'allemand riposte en bombardant nos premières lignes qui ne sont plus constituées que par des trous d'obus incomplètment reliés les uns aux autres.

Le 21, nos tirs redoublent, le 75 entretient les destructions pendant la nuit.

Le 22 Mai est le jour de l'attaque. A 6 heures du matin, notre feu roulant se déclenche, la visibilité est parfaite. Un a un les drachen ennemis disparaissent à l'horizon, sur 8 drachen attaqués par nos avions, 6 tombent en flammes.

A 10 heures, la plaine est une fournaise ; un effroyable roulement de tambour emplit l'espace. Tous les chemins, tous les boyaux, toutes les crêtes se couvrent d'une fumée pleine d'éclairs qu'un vent léger par instants dissipe.

Le Général arrive à son observatoire du fort Souville. (1) De là, toute la plaine apparait, paysage lunaire, uniformément jaune, creusé. gratté, labouré, bouleversé par la mitraille. Il

---

Le général était accompagné de plusieurs officiers de son Etat-Major. Un obus tombait quelques minutes après au milieu du groupe et blessait le Capitaine Boudeville (plus tard chef d'Etat-Major de la 5ᵉ Division) et les Lieutenants Brunet, de Chezelles, Jubault du 7ᵉ chasseurs.

semble, à celui qui pour la première fois exa-
mine ces lieux illustres, contempler quelque
région maudite dans laquelle rien ne peut vivre.
Les bois déchiquetés, l'herbe brulée jusqu'aux
racines n'égaient plus de leurs taches vertes les
endroits qui s'appelaient de noms charmants :
Bois de la Caillette, Fleury, Ravin du Muguet.
Les routes ont disparu comme les hameaux. De
tous côtés, les obus ont troué la plaine et
parmi les cratères éteints d'autres surgissent
dans une gerbe de fumée grise ou noire, si
nombreux parfois que la terre semble convulsée
par un feu intérieur.

Devant nous, dans le ravin qui longe le Bois
de Vaux-Chapitre, quelques rares isolés passent,
se hâtent, se couchent sous les rafales se re-
lèvent aussitôt et continuent leur chemin. Des
brancardiers portant des blessés, marchent,
calmes, lents, admirables de volonté et de
courage.

Derrière ce bois apparaît, la crête dénudée de
la Caillette où, en Avril, nous avons refoulé
l'ennemi. Au loin, la ligne d'horizon commence
à droite aux voûtes basses du fort de Vaux que
l'ennemi bombarde sans arrêt, s'infléchit en arc
de cercle dans le ravin des Fontaines battu de
toutes parts et que les nôtres ont appelé spon-

tanément le « Ravin de la Mort ». pour découvrir l'étendue plate de la Woevre parsemée de petits bois et de minuscules villages environnés d'une brume légère. La ligne se relève aux crêtes de Hardaumont et se prolonge jusqu'à la saillie régulière du fort de Douaumont où émergent les coupoles de deux tourelles blindées.

Le Fort, dont les observatoires fouillent tous les ravins, toute la plaine, jusque dans les rues de Verdun même, nous domine, nous écrase de son énorme masse brune. Les yeux de l'ennemi sont là, surveillant nos travaux, épiant nos troupes en marche, réglant les tirs, organisant la défense, préparant l'attaque. Ses flancs abrupts paraissent inaccessibles, c'est ce géant redoutable que vont aborder les minuscules soldats qui apparaissent au loin dans le champ de la longue vue quand l'heure fixée sonnera.

11 h. 50, minute sublime, inoubliable. Les nôtres s'élancent à l'assaut. Les flancs du fort se couvrent de capotes bleues. A droite, la 24e Cie du 274e suivie de deux sections de mitrailleuses sort résolument de ses tranchées. Les hommes disent à leur chef de bataillon « Mon commandant, on va en mettre » Le bataillon Schaffer surgit mais s'arrête sur les feux croisés des mitrail-

leuses ennemies, le bataillon Lefèvre-Dibon s'accroche aux flancs du fort, atteint le dépôt près de la tourelle 3212. Là, une grêle de balles l'arrête dans son élan. Les bataillons MAGUIN et VAGINAY du 129e arrivent en même temps. Les capotes bleues fourmillent sur la crête. L'avion de commandement qui survole Douaumont aperçoit des éléments français qui pénètrent dans le fort par une brèche, puis par une autre. A 13 h. 30 les 3 tourelles sont attaquées. 2 officiers, 54 hommes sont capturés et acheminés sur le P. C. du Général. Dans les couloirs du fort l'ennemi se retranche. Un combat terrible s'engage dans l'obscurité que trouent les lueurs brèves des fusils et les éclatements rouges des grenades, combat sauvage et sans merci. En même temps le 3e bataillon du 36e s'est précipité dans la tranchée du bonnet d'évêque ou le lieutenant SUPIOT pénètre le premier. Le clairon Lecourtier sonne la charge. D'un seul bond, nous avons atteint presque tous nos objectifs, à travers le brasier des tirs de barrage et malgré les mitrailleuses embusquées aux meurtrières des murs de contre-escarpe. La nuit tombe. L'ennemi opère une concentration de toutes ses batteries disponibles sur les positions que nous venons de conquérir. Les nôtres restent impassibles sur le sol qui tremble sous leurs pieds, malgré les avalanches de terre qui les ensevelissent, malgré la grêle d'éclats qui nous cause des pertes graves. Le 23 Mai, l'artillerie allemande redouble. A 12 h.30, sur tout le front le tacatac des mitrailleuses retentit comme un bruit de marée, couvert parfois par la grosse voix des canons. L'ennemi s'élance à l'assaut de nos lignes mais il est repoussé. Cependant autour du fort le combat continue. L'ennemi à l'abri des murs tire à coup sûr. Nos pertes augmentent. Depuis 2 jours nous combattons sans arrêt dans la fournaise, nous sommes à bout de forces, la soif nous torture. Pas une goutte d'eau sur cette terre calcinée et les corvées de ravitaillement n'arrivent pas !

Toujours la ruée des gros projectiles qui pilonnent les trous d'obus dans lesquels nous nous abritons. Les gaz nous brûlent la gorge et les yeux. Couverts de terre, hâves, fiévreux, nos hommes ne sont plus soutenus que par le désir forcené de ne pas abandonner le terrain si glorieusement conquis. Les lieutenants du ROSEL, PROD'HOMME, CHEVALIER, le sergent ROUGIER, l'adjudant VOISIN se multiplient. Criblé de blessures le sergent GARRY encourage ses hommes. Le commandant MENAGER par sa belle humeur réconforte tous ceux qui le voient, le sourire sur les lèvres, organiser la résistance.

Il faut que des forces fraîches viennent au plus vite pour nous remplacer et parfaire notre ouvrage.

La relève commence.

Pendant la relève qui s'opère difficilement, l'ennemi attaque, les renforts arrivent lentement, trop lentement...

Chacun sait que le fort de Douaumont fut repris par les Allemands le 24 Mai. D'autres que nous devaient le conquérir et le garder. La 5e division eut l'honneur de tracer le chemin à ceux qui vinrent dans la suite s'emparer du point culminant du champ de bataille et aveugler l'ennemi. Elle fut la première vague formidable du reflux qui devait écarter de Verdun la marée de fer et de feu.

Verdun, mot plein d'honneur et de gloire. Quel chroniqueur pourra dire à ceux qui n'ont pas vu ce que fut la gigantesque bataille ?

Chaque jour, écrasés par une artillerie formidable sur un terrain rempli d'épouvante, sans vivres et surtout sans eau, parfois un contre trois, nos soldats ont tenu. La volonté française a vaincu l'acharnement ennemi, ses gaz, sa mitraille, ses assauts. Verdun est en dernière analyse une victoire des forces morales. Dans le choc des deux volontés nous avons vaincu et pourtant de l'autre côté, quelle supériorité de moyens à ce moment là ! Hérissée de canons, l'armée ennemie pendant de longs mois s'est heurtée à nos poitrines et chaque fois qu'elle a pu croire que la citadelle était prise, chaque fois, le miracle de volonté s'est produit et a fait refluer les colonnes allemandes sur le terrain jonché de morts. Miracle ? Oui. Sur la terre verdunoise, des génies protecteurs veillaient, inspirant à nos troupes de sublimes dévouements. Dans l'horreur des bombardements, le souvenir des fiancées, des sœurs, des mères, venait à nous.

Femmes françaises ! c'est votre charme délicat, vos sourires blonds, votre amour infini que défendaient ceux qui combattaient et mouraient dans cette fournaise, et c'est pour sauvegarder la parure de notre race, son génie créateur et cette merveilleuse bonté qui vaut à notre pays d'être appelé la « douce France », que les nôtres ont reculé les bornes de la souffrance humaine et prodigué leur sang.

A Verdun, l'impossible a été atteint, le sublime dépassé. Tant de sacrifices, tant de douleurs, tant de morts n'auront pas été en vain consentis.

A l'heure où l'ennemi remporte des succès, nous ne t'implorons pas Nemesis! Il vaut mieux reporter sa pensée aux épopées Verdunoises. En évoquant la plaine où dorment tant de héros, nons comprendrons que les races qui forcent l'admiration de leurs ennemis (1) ne sauraient périr et qu'un mot lumineux qui explique l'effroyable hécatombe, en éclairant l'avenir, doit être inscrit en lettres géantes sur la plus haute pierre de la plus haute colline du champ de bataille : JUSTICE !

---

(1) Le communiqué officiel allemand du 24 Mai 1916 qualifie la 5ᵉ division de « beste franzoesische division ».

LES ÉPARGES

La Division prend le secteur de Mouilly le
25 Juin 1916. Le Général de Roig-Bourdeville
a reçu des mains du Général Mangin l'héritage
de gloire et c'est sous son commandement que
nous allons aux lignes. Secteur calme. Le
24 Septembre nous appuyons à gauche et occupons la zône des Eparges. Nous avançons
vers les premières lignes par la tranchée de
Calonne, les boyaux Hedevaux et Dessérier.
Une vallée marécageuse dont les sources se dé_
versent dans les boyaux, et puis, à demi-pente
quelques fossés bourbeux : nous sommes
arrivés. Là-haut, sur la crête, l'ennemi nous
surveille. Ceux que nous venons remplacer, nous
renseignent :

« Voyez-vous, dit le Capitaine, c'est un

mauvais coin que la zône des Eparges ! Vous étiez mieux dans la zône de Mouilly. Ici c'est le royaume de la boue. Elle ruinera vos tranchées, transformera vos abris en baignoire et vous n'y pourrez rien. Ce que vous construirez en deux jours, elle le démolira en deux heures. La boue a fait alliance avec l'ennemi. Ça vous étonne ? Autre chose : le boche nous domine. Ne vous montrez pas. Evidemment, ce n'est guère tentant de se traîner sur le parquet que nous avons ici. C'est un peu sale, mais il le faut. J'oubliais encore de vous dire que, sous la colline, l'ennemi a construit parallèlement à notre front une longue galerie. De là, il pousse des sapes de mines et nous fait sauter de temps en temps. Ouvrez l'œil ! Par contre, peu d'obus. Ils sont réservés pour la deuxième ligne, mais en revanche vous recevrez une ration journalière de deux cents à trois cents torpilles. Sur ce, au revoir, et bonne chance à tous ! »

Ça sera dûr, évidemment, mais nous en avons vu d'autres ! Plaçons les sentinelles. La nuit tombe. Dans le limon gluant les pieds s'enfoncent et se glacent peu à peu, le froid monte, les mâchoires s'entrechoquent. Des lueurs, suivies de détonations partent derrière la colline, un hululement que nous connaissons bien et les torpilles tombent, s'écrasent, projetant la boue avec le fer.

Un autre soir, ce sera une patrouille ennemie qui cherchera dans ce cloaque à surprendre un de nos petits postes et qu'il faudra repousser à la grenade, la boue ayant mis les fusils hors d'usage. Parfois, c'est pire. L'Officier du Génie qui prépare les camouflets nous a avertis : les bruits de mine ont cessé depuis 2 jours l'ennemi doit avoir terminé son bourrage et il faut s'attendre à l'explosion pour ce soir. L'appel des hommes désignés pour occuper la première ligne est lugubre. Ceux-ci partent bravement, simplement, et l'attente dans la nuit commence, interminable, sur ce sol gluant qui peut se transformer en volcan et nous engloutir dans ses entrailles humides.

Brusquement, un bruit sourd, puissant. Le sol se dérobe et semble rouler en vagues puis à 20 mètres, une énorme trombe de terre jaillit vers le ciel, retombe en dégageant les bords d'un cratère où flotte une épaisse fumée. En même temps, les batteries ennemies, les minenwerfer ouvrent le feu, les mitrailleuses crépitent et la bataille, pour le trou géant qui vient de se creuser, s'engage.

Par trois fois, nous avons à mener cette terrible

*

lutte et pendant que nos grenadiers se ruaient
à l'attaque, les brancardiers fouillaient la terre
pour dégager les ensevelis.

Hélas ! bien des nôtres devaient dormir dans
cette humide vallée. Les Lieutenants Guillemotot
et Vadel, périrent en assistant à la terrible
veille qui précède l'explosion.

Les pluies commencent en Septembre. Du
ciel uniformément gris, une immense tristesse
tombe sur la terre ravagée. La boue étend son
domaine et ruine les tranchées que nous avons
entretenues à grand'peine. Les capotes engluées
de terre jaune se transforment en clapes de
plomb. Il faut avancer dans l'eau qui monte
jusqu'au ventre et ramper parfois sur le sol
mouvant. Cependant au point C, au point X, à
l'éperon des mitrailleuses, à la Butte de Mont-
girmont, nos troupes rivalisent chaque jour
d'endurance et de courage et « tiennent », malgré
les mines, malgré les torpilles, malgré les obus.

Le 5 Décembre, une attaque violente se produit sur l'éperon des mitrailleuses, occupé par
la 18e Cie du 274o. Une contre-attaque immédiate
chasse l'ennemi de notre première ligne.

Le 27 Janvier, un coup de main préparé par
le Capitaine du Fretay et exécué par le Lieutenant Calles, réussit pleinement nous pénétrons

fort en avant dans la région du triangle, nous exterminons la garnison et faisons sauter les abris à la dynamite.

C'est aux Eparges que les nouveaux contingents prouvèrent qu'ils étaient dignes de lutter aux côtés des vétérans de l'Artois et de la Meuse, et c'est aux Eparges que la division montra que, sortie victorieuse du creuset Verdunois, elle était encore capable de combattre avec le même courage, la même force inépuisable que dans le passé.

Le 16 Novembre, à Genicourt, cantonnement de repos pour les troupes du secteur des Eparges nous inaugurons le théâtre de la Division, Caffin, Faugeat, nous font rire et oublier nos fatigues ; Caplet, Durosoir, Maréchal, Magne conduisent nos rêves dans le monde des harmonies. Parfois un miracle se produit ; une femme apparaît. Nelly Martyl à Genicourt, Jane Hatto, Lusanne, Anna Thibaud à St-Ouen devaient apporter jusqu'à nous le don précieux de leur charme et de leur talent. Elles sont venues, souriantes, courageuses, bravant la poussière et la boie, bravant parfois les bombes d'avions et les obus, dissiper nos souffrances et notre ennui. Vous ne serez pas oubliées, et veuillez croire qu'à tous les succès déjà rem-

portés dans les salles éclatantes de Paris, il faut
préférer l'hommage parfois un peu bruyant des
braves gens, vêtus de bleu horizon, qui re-
vivaient grâce à vous, les heures précieuses du
passé.

En remplissant joliment vos devoirs de
françaises et d'artistes, en venant « chez nous »
vous avez combattu à votre manière, et la joie
que vous avez créée par la magie des mots et
des sons devait se transformer plus tard en
héroïsme : ceux qui ont assisté au spectacle
ont payé depuis à leur façon, en monnaie
glorieuse digne de vous.

Un passage en première ligne sous le Chemin-des-Dames.

LE CHEMIN-DES-DAMES

Après une période d'instruction au camp de Gondrecourt, la division suivit l'offensive du 16 Avril 1917, mais ne fut pas engagée.

Refondue, elle se compose désormais du 74e régiment d'infanterie, du 274e régiment d'infanterie, du 5e régiment d'infanterie et du 114e bataillon de chasseurs alpins quand elle prend le secteur de COURTECON.

La bataille est déjà engagée pour la possession du Chemin des Dames, route romaine qui suit la série des crêtes situées entre la vallée de l'Aisne et la vallée de l'Ailette. Chaque adversaire s'est accroché au terrain et lutte pied à pied sur le plateau qui domine tous les ravins environnants. L'Allemagne a jeté son défi : nous l'avons relevé et la lutte se poursuit, âpre, sans merci.

Nous passons par les ponts de Bourg-et-Comin régulièrement bombardés, nous traversons, Verneuil-Courtonne, en ruines, puis Beaulne et Chivy qui ne sont plus que des amas de pierres ; nous franchissons les ravins qui bordent le plateau et nous voilà dans les boyaux qui mènent aux lignes. Une montée assez rude. Nous sommes sur le champ de bataille. Comme à Verdun, toute trace de végétation a disparu. Quelques arbres écorchés marquent l'endroit où fût le bois du Paradis. Tout autour de nous la terre labourée par les obus étend ses vagues grises, coupées de tranchées qui serpentent. La terrible odeur qui nous avait poursuivis au bois de la Caillette et à Douaumont se précise à mesure que nous approchons de la première ligne, intensifiée par le soleil brûlant. Au loin, dans le ciel bleu, les drachen sont en surveillance.

Une rafale de 105 s'abat près de nous. Nous avons été vus. Nous hâtons le pas, courbant le dos. Des balles sifflent et se piquent dans la terre du parapet. Les mitrailleuses de la sucrerie de Cerny balaient la plaine. Courbons-nous davantage. Une tranchée évasée, puis une autre

qui n'est plus qu'un fossé inégal, quelques
ouvertures de sapes étayées de bois. Nous
sommes arrivés. Au loin, dépassant la ligne
d'horizon, apparaissent à moitié les tours de la
cathédrale de Laon, deux mains de pierre qui
s'élèvent en un geste suppliant.

Notre ligne, qui offre un rentrant à la hauteur
du bois des Vauxmerons se relève à la tranchée du
Vautour et à la tranchée de la Saale pour s'accrocher au chemin des Dames, prix de la bataille.

Position difficile à tenir, car l'ennemi peut se
livrer à des attaques convergentes sur les deux
saillants. Cependant il faut résister sur place et
défendre pied à pied le terrain. C'est la lutte
pour les observatoires et un léger recul aurait
des conséquences désastreuses.

Le régime du secteur est dur avec des alterna-
tives de calme plat et de grande nervosité. Les
artilleries sont extrêmement actives de part et
d'autre. Les boyaux de communication, les
postes de commandement, les arrières, sont
copieusement arrosés. Les batteries du 43e qui,
sous les ordres du colonel EYMARD, occupent
près de Bourg-et-Comin la hauteur de Mada-
gascar sont chacune prises à partie et c'est
souvent avec le masque sur la figure que
les canonniers déclanchent les barrages

Chaque jour, ce sont des coups de main rapides et violents, d'âpres luttes à la grenade dans les têtes de boyaux. Les nôtres disputent le terrain, reviennent à la charge quand ils ont reculé, infatiguables.

Les avions amis et ennemis passent, s'abordent. Au petit matin, des appareils ennemis que nos poilus appellent les « Fantomas » survolent nos premières lignes, descendent à 100 mètres et nous mitraillent. Le 27 Juin arrive aux Tilleuils, poste de commandement du général DE ROIG, le colonel PARKER, l'un des premiers soldats de la fraternelle Amérique qui vient combattre à nos côtés. Le même jour, un de ses compatriotes, le caporal HALL, qui patrouille sur un avion de l'escadrille n° 124 aperçoit un groupe de 7 ennemis, pointe hardiment sur eux, mais vaincu par le nombre, grièvement blessé par plusieurs balles de mitrailleuses, tombe dans le ravin du Paradis où nos hommes se précipitent, le dégagent et l'amènent au P.C. du bataillon. Là, le premier officier qui le réconforte s'appelle le capitaine de ROCHAMBEAU. L'histoire a de ces rencontres plus touchantes que les plus beaux discours. La croisade de la liberté se renouvelle! Hall est venu rendre la visite de l'aïeul des ROCHAMBEAU.

Cependant, l'activité de l'artillerie augmente de jour en jour. Les boyaux émiéttés s'effondrent, les abris cèdent sous la massue des gros obus. Le dépôt de munitions de Verneuil-Courtonne saute dans la soirée du 27 Juin et des grappes de fusées jaillissent au milieu du brasier, rayant le ciel de leurs trajectoires lumineuses pour éclater très haut en feu d'artifice multicolore.

Le 28 Juin, après une courte et violente préparation par minen et obus, la tranchée Poinsignon occupée par le 5e Régiment d'infanterie est violemment attaquée et l'ennemi saute dans notre première ligne. Le commandant d'AMARZIT qui, en l'absence du colonel LE BEURIER, commande le régiment, déclenche immédiatement une contre-attaque vigoureusement dirigée par le Lieutenant PONS qui, le 14 Juillet devait tomber mortellement blessé. L'assaillant recule et nous rétablissons intégralement notre position.

Les jours suivants, le bombardement continue.

Le 14 Juillet arrive. Un soleil radieux se lève à l'aurore de la Fête Nationale. Par extraordinaire, un calme complet règne sur tout le secteur. Chacun met à profit ces heures de répit pour déguster les victuailles et le champagne distribués en supplément de l'ordinaire. Dans les trous, des festins s'organisent sur des tables de fortune. Le calme se poursuit, étrange, inquiétant. L'après-midi passe. Le soleil commence à décliner. Pas une détonation d'obus ou de grenade, pas un coup de fusil.

Le colonel LE BEURRIER qui commande le 5ᵉ régiment d'infanterie depuis le 25 Septembre 1914 sort de son abri, oppressé par ce silence inexplicable quand, à 8 heures, une nuée de gros frelons sifflent dans les airs et s'abat dans un bruit fou qui se confond avec le départ des pièces. La 1ʳᵉ ligne est couverte de l'éclatement des torpilles ; la deuxième ligne, la troisième ligne, les ravins entrent en éruption, se couvrent de fumée et, deux bataillons précédés de 4 stosstruppen ennemis font irruption dans nos lignes.. Les fils téléphoniques sont hachés, les réseaux bouleversés ; les tranchées croulent. Dans le ravin de Chivy, c'est un orage de fer et de feu. Les éclats retombent si nombreux sur la piste qui mène au trou Bricot que le sol semble brûler et faire sauter comme des lentilles dans la poêle les débris de fonte et d'acier. La situation est terrible. Aucune nouvelle des premières lignes ! Jamais nos réserves ne pourront franchir la zône infernale des ravins ! L'artillerie ennemie redouble,

des balles sifflent au dessus du P.C. Colmar où
le colonel LE BEURRIER fait apporter uue caisse
de grenades et barricader les entrées. Tout à
coup une forme humaine se silhouette dans
l'embrasure de la sape. Un soldat entre, noir de
poudre, couvert de terre, très calme. C'est
GESBERT, un observateur du régiment. Il a vu, il
raconte : « Mon lieutenant m'avait placé en avant
des lignes pour observer le boche. J'ai vu
l'attaque déboucher : au moins deux bataillons
et en plus des stosstruppen. Ils ont pris les
premières lignes et je les ai aperçus autour du
P.C. de bataillon qui flambe. Je me suis frayé
un passage à coups de grenades et j'ai pu
arriver ». Le colonel organise immédiatement
la défense. Cependant, là-bas, submergés par le
flot assaillant, les lieutenants PASQUIN, TOURTE,
LESTERLIN, SCHELL résistent, frappent. Isolés
dans la tourmente ils se multiplient mais suc-
combent sous le nombre. Le lieutenant DESMOU-
LINS, placé avec ses mitrailleuses en arrière de
la tranchée Dellerue décime l'ennemi. Enfin, la
troupe de contre-attaque entre en. action. Le
capitaine PADOVANI est blessé dès le début de
l'action ; le capitaine de WENDEL, le lieutenant
COLZY entraînent leurs hommes dégagent le
P.C. Martin, bousculent l'ennemi étonné de ce

vigoureux retour. Epuisé l'assaillant n'engage plus de lutte le lendemain. Il organise les quelques tronçons de tranchée qu'il a pu garder et renonce à percer notre front. « Navarre sans peur » avait été sans reproche.

A gauche, à la même heure, le 114ᵉ B. C. A. avait fait aussi de bonne besogne et les chasseurs avaient contribué par de fougueuses contre-attaques à limiter les progrès de l'ennemi.

Le 19 Juillet, relève et repos dans la région de Fère-en-Tardenois.

Le 15 Août, nous remontons, vers le Chemin des Dames dans le secteur d'Ailles. Même terrain, même situation, mêmes difficultés que dans le secteur de Courtecon, et même endurance, et même courage.

C'est là, pendant une attaque sur la barricade Hugo que le lieutenant Bernard du 5ᵉ régiment d'infanterie tombait le 15 Août, le même jour et dans les mêmes circonstances que le lieutenant Coulon du 274ᵉ régiment d'infanterie. C'est là que le 114ᵉ B. C. A. pendant l'attaque d'Hurtebise allait pousser un peu plus haut la renommée des diables bleus et c'est là, sous le commandement du colonel Houssais, que le 274ᵉ régiment devait jeter son ultime et magnifique rayon de gloire.

Le 31 Août, repos près de Fère-en-Tardenois.

Au Chemin des Dames, sous la direction énergique du Général de ROIG, la 5e division fit ce qu'elle pouvait en vérité faire de mieux : elle fût égale à elle-même. Après Neuville, après Frise, après Verdun on eût pu craindre une diminution de combativité, une lassitude. Chaque fois qu'il était besoin de défendre notre sol, elle créait les forces nécessaires à la dure besogne et luttait « honnestement ». Il le fallait. Une fois admise, cette vérité donne à tous l'inépuisable vigueur qui s'est affirmée chaque jour de l'interminable guerre, non par de grands mots sonores, mais dans le sourire doux et confiant de ceux qui savent où on les conduit et qui veulent aller jusque là.

Le temps n'est plus des enthousiasmes que déchaîne la voix des clairons sonnant la charge et la vue des étendards flottant sur la forêt des baïonnettes en marche vers les assauts. Le courage a d'autres sources, plus simples, mais plus profondes, moins brillantes, mais plus durables. D'avoir au sein des corporations exercé sagement, scrupuleusement, pendant des siècles, d'humbles métiers d'artisans, nos ouvriers ont gardé le goût de la besogne bien faite, s'attachant à remplir consciencieusement

leur rôle de soldat ; d'avoir labouré le sol géné-
reux qui se dore en été de blés frissonnants
dans l'air léger de nos vallées, nos paysans ont
conservé, intact, l'amour de la terre qui les
nourrit ; d'avoir avancé dans le domaine des
idées en dépit des ténèbres étrangères, la
jeunesse des écoles entend sauver le trésor de
pensée qui l'a fait vivre et rayonner.

Si vous ajoutez à ces sentiments héréditaires
la peur du ridicule qui s'attache aux gestes vils
et lâches, le « point d'honneur français » qui est
la coquetterie de nos consciences et le désir
absolu de vivre, comme par le passé, dans une
atmosphère libre de toute oppression, vous
comprendrez pourquoi, malgré les souffrances
quotidiennes, malgré les innombrables deuils,
nous continuons à lutter, ardents et calmes,
au-dessus des haines passagères, pour le
triomphe de nos libertés.

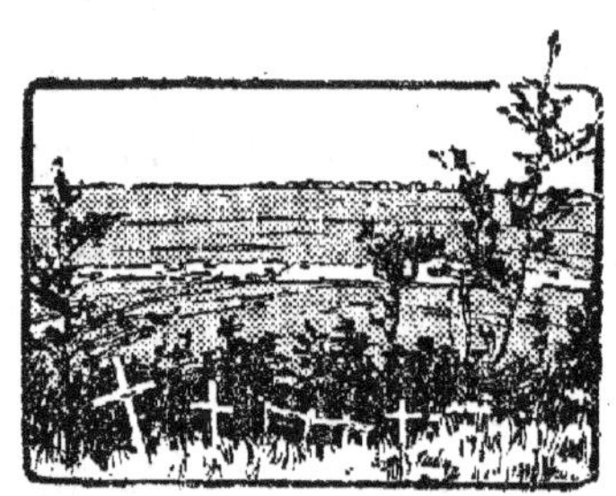

La tranchée de la Mouette, vue d'un observatoire.

RÉFLEXIONS (23 mars 1918)

**Ils avancent. - Les Berthas crachent leur haine
sur Paris.**

Fallait-il faire revivre ces heures rouges
fallait-il rappeler à ceux qui continuent de lutter
et de souffrir tout le lamentable cortège des
douleurs ?

Il est bon de mesurer des yeux la tâche faite
avant d'envisager celle qui reste à accomplir ;
et puis, à force d'avoir lutté, souffert ensemble,
nous nous aimerons davantage en nous connais-
sant mieux. D'autre part, il n'était pas inutile
de regarder la longue suite de gloire que nous
avons tracée. Un peu d'admiration ne serait pas
ridicule. Lisons les écrivains étrangers, parcou-
rons les journaux de Londres et de Rome,
entendons le long cri d'amour fraternel qui nous
vient d'Amérique en dépit de l'Océan, écoutons
le concert de louanges qui s'élève ! La France,
Mère des Libertés, reine des Nations par la
souffrance s'élève sanglante et majestueuse au
dessus des peuples anxieux. Déchirée, mais
vivante, riche de toute sa bonté, de toute sa

beauté, de toute son intelligence rayonnante, elle entre dans le domaine des clartés. Oui, notre Patrie est désormais immortelle et c'est nous qui l'avons sauvée. Que sommes-nous, pauvres êtres éphémères, comparés à ce prodige de lumière qui ne nous éblouit pas, parce que, dès l'enfance, nous l'avons contemplé? Ne marchandons pour elle ni notre peine, ni notre sang. Nous avons, pendant longtemps profité de la « douceur de vivre » qu'elle procure à ses enfants. Un jour il a fallu acquitter la dette de reconnaissance en la défendant. Le Destin nous a choisis pour cette besogne sainte et nous avons donné quelques années de notre vie, parfois toute notre vie, pour qu'elle ne périsse pas. Pouvions-nous reculer? Elle détestait la Guerre et il a fallu guerroyer pour elle ; elle avait horreur du sang et il a fallu inonder son sein de flots rouges. Devait-elle mourir?

Allons, poursuivons notre chemin, méprisons ceux qui doutent et ceux qui se dérobent au devoir, chassons les sceptiques et les lâches. En sauvant la France, nous sauvons le bonheur futur du monde, nous rendons possible la justice, probable la fraternité, certaine la victoire. Les ténèbres voulaient remplir la terre, le flambeau que nos pères nous avaient confié a vacillé entre nos mains dans les champs de Belgique, mais nous l'avons élevé au-dessus de la tempête pour le transmettre à ceux qui viendront continuer notre œuvre.

Boueux, sanglants, fatigués, mais animés d'une ardeur indomptable, nous sommes invincibles, car nous incarnons le progrès en marche vers l'idéal. Lève-toi soleil! et réchauffe dans la terre qu'elles ont si bien défendue, les chères âmes qui dorment sous l'uniforme croix ornée de la cocarde tricolore.

LA GUERRE DE MOUVEMENT

18 Juillet ! Date splendide où le combat changea d'âme ! La France, presque à genoux sous les coups brutaux de l'ennemi se relève dans un effort surhumain, ramasse ses forces et s'élance, farouche, forte de toute sa colère. Paris est menacé, la Marne est franchie, nos soldats reculent en ordre mais ils reculent, qu'importe ! la France ne peut pas mourir. En avant !

Désemparé devant cette énergie désespérée, surpris par la brusquerie de l'attaque, dominé par une force morale qui s'affirme toujours plus grande à mesure que le péril augmente, l'ennemi reflue, cède peu à peu. Alors, c'est Soissons qui se libère, c'est la Marne délivrée, c'est le Chemin des Dames qui revoit les combats héroïques qui l'ont ravagé. Les ailes largement déployées, nos victoires s'avancent. Frappant sans relâche, nous ne lâcherons plus l'ennemi jusqu'à ce qu'il s'effondre, vaincu, demandant grâce, sans avoir le courage de se battre une dernière fois « pour l'honneur ».

Ouchy-la-Ville. — Fabrique où furent pris 15 canons de 150, 105 et 77.

BATAILLE DE L'OURCQ

Dans la soirée du 17 Juillet 1918, nous partons dans la direction de Corcy. Les routes ont un aspect étrange; de longues files de camions français, anglais, américains s'allongent, toutes lumières éteintes; de nombreuses voitures s'avancent; les convois d'artillerie légère roulent sur les bas côtés; nous croisons d'autres colonnes qui vont dans la même direction que nous. C'est une accumulation d'hommes, de matériel, de canons comme nous en avons rarement vu. Le tout avance en ordre, sans heurt, lentement, sûrement. A quelle besogne géante va servir la puissante machine de guerre qui roule vers l'avant dans la nuit calme? Personne ne sait. Voici de nouveau les hautes futaies de la forêt de Villers-Cotterets, dans l'ombre desquelles nous nous enfonçons. Dans le bois, des lumières masquées se révèlent, des pas innombrables froissent la mousse. Sur les chemins, des voitures roulent sans fin. Nous approchons de Corcy. Les premières lignes ne sont pas loin. Halte. Nous nous couchons sur l'herbe humide, las, inquiets de ne rien savoir. Aucun bruit de fusillade, aucun bruit de canon ne brise le silence mystérieux et angoissant de la nuit. Les premières lueurs du jour découpent dans la brume légère la silhouette noire des troncs d'arbres et font reluire de reflets glauques les flaques d'eau; 4 heures. Les ordres viennent d'arriver; on nous renseigne : nous attaquons à 4 h. 45. La 128e Division d'infanterie nous précède et ouvre la porte. Tout va bien. L'ennemi ne se doute de rien. Il faut réussir et on réussira. On se prépare, on éveille les dormeurs; la fatigue et le froid disparaissent par la vertu magique de ces mots que nous avons déjà entendus à la Marne : « L'Armée française prend l'offensive ».

Brusquement, à 4 h 45, nous sommes environnés des rugissements de nos canons, qui font trembler le sol, et dans ce vacarme effarant nous saluons le soleil qui se lève dans une aube de gloire. La voix de nos pièces a un son particulier

ce matin : puissant, redoutable. Les bons dogues
qui défendent Paris aboient terriblement. L'artillerie ennemie riposte faiblement. Quelques obus
tombent près de nous mais comme on ne les
entend à peine, leur éclatement ne parait pas redoutable. Une confiance soudaine s'empare de nous,
s'impose. Nous sommes certains d'être les plus

Corcy. — Offensive du 18 Juillet 1918.

forts aujourd'hui et quand l'ordre arrive de serrer
sur le 128ᵉ régiment d'infanterie, il ne surprend
personne. Nos camarades ont déjà bousculé les
premières lignes ennemies et nous allons com-
pléter le succès et le poursuivre. Toutes les
raisons de vaincre surgissent : la délivrance
des cités que nous avons traversées, Villers-Cotterets meurtri, Crépy en Valois déserté, la libéra-
tion des campagnes dorées d'épis, la défense de
la ville Eternelle qui fut le symbole de la paix

et qui est maintenant l'emblème de la lutte pour la liberté : Paris !

D'être plus près du cœur de la France, nous comprenons mieux la nécessité de la victoire. Mangin nous commande : il faut qu'il nous reconnaisse, nous, son ancienne division, aux coups que nous allons porter.

Voilà Corcy en ruines dominant l'étang qui le sépare du chateau dont il ne reste que quelques pans de murs. On s'est battu ferme pour le village, perdu plusieurs fois et toujours repris. Un tournant de route et voilà la vallée de la Savières envahie par les eaux. Sur ce marécage couvert de roseaux, une seule passerelle étroite sans balustrade. Les balles sifflent en essaim serré et le barrage ennemi est terrible Il faut pourtant passer 5ᵉ d'abord, 74ᵉ ensuite, 224ᵉ après. Les éléments de tête du 5ᵉ régiment d'infanterie s'engagent sur la passerelle mais les quelques braves qui avancent sur le fragile pont de bois sont fauchés par les mitrailleuses qui se dissimulent dans le buisson de Hautwison.

Le débouché est impossible de cette façon. Un arrêt se produit. L'ordre arrive d'utiliser le Pont du Chemin de Fer de Corcy ; immédiatement le 5ᵉ R. I. passe et fait face à la Vallée du Gros Chêne. L'ennemi se défend âprement pendant toute la journée, quand, à 18 h. 30, le Bataillon Vennesson pénètre par surprise dans le bois de Hautwison et, d'un seul élan, s'en empare, capturant 12 canons, 10 minen, et de nombreuses mitrailleuses ; puis le Bataillon Jacquin s'avance sur la Ferme La Loge, l'entoure et anéantit la garnison.

Le 74e, sous les ordres du Colonel Hartemann blessé au début de l'action, puis sous les ordres du Cdt. Paul suit le mouvement. Le Bataillon Amadieu s'empare de la Ferme Lionval.

En même temps, le 224e franchit la Savières et la 13e Cie, nettoie le bois des Juifs. La Section du Lieutenant Saint-Sever cerne et fait prisonniers 5 Officiers et 43 soldats, puis 2 Bataillons placés sous les ordres du Colonel Allier commandant le 169e attaquent le Bois des Brussettes. La 17e et la 18e Compagnie du 224e s'emparent à la grenade de la lisière dans un combat acharné.

La nuit tombe. Toute la première ligne est entre nos mains. Devant nous, la campagne verte s'étend, libre de fil de fer et de tranchées et les clochers des villages jalonnent notre route future. C'est la guerre de mouvement qui commence. Elle va durer huit jours et sept nuits. Va-t-on savoir livrer cette lutte nouvelle ? Quatre ans passés dans les tranchées ne nous

ont-ils pas engourdis et déshabitués des ma-
nœuvres guerrières qui doivent, pour réussir
être rapidement conçues et exécutées avec une
fougue intelligente et mesurée?

Cette question ne fut pas posée par ceux qu
eurent à livrer du 18 au 26 Juillet une lutte a-
charnée contre un ennemi supérieur en nombre
D'instinct, chacun sut, immédiatement ce qu'i
fallait faire. Officiers et soldats s'adaptèrent aux
conditions nouvelles avec d'autant plus de
facilité qu'elles correspondaient à nos goûts
ataviques, aux traditions venues des époques
napoléonniennes, à notre amour de la vie intense
sous le grand soleil qui magnifie tous les gestes
même les gestes de mort.

L'ennemi va se défendre âprement. Il a reçu
l'ordre de tenir coûte que coûte. Tous les
chemins, toutes les lisières, tous les débouchés
seront battus par ses mitrailleuses qu'il dissi-
mule soigneusement dans les bois, dans les
champs de blé, derrière les murs des villages
Une à une, il faudra s'emparer des terribles
machines, s'accrocher au terrain, ramper, s'é-
lancer au moment propice, contrebattre avec
nos V. B., nos mortiers d'accompagnement e
nos propres mitrailleuses. C'est un combat où
vont se montrer décisives les qualités indivi-

duelles. Les chefs donneront des directives générales, mais les exécutants auront sans relâche à faire preuve d'initiative, de souplesse, et, ce qui est la coutume, de courage. Combien d'actes héroïques n'auront pas eu de témoins, combien d'agonies n'auront eu d'autre récompense que la satisfaction simple et divine du devoir bien rempli ! Soldats de chez nous, quel cœur immense vous aimera comme vous l'avez mérité ?

Le 19 Juillet, commence la marche en avant.

Le 5ᵉ Régiment d'Infanterie s'empare de la Ferme d'Edrolles et le Bataillon Jaures du 74ᵉ Régiment d'Infanterie enlève Villers-le-Petit ou il prend 5 canons. Le 224ᵉ Régiment d'Infanterie, poussant hardiment par la vallée du Nadon, occupe la ferme Bellevue : 11 nouvelles pièces tombent entre nos mains. Pendant la nuit, nous gardons le contact et, le 20, l'attaque reprend.

L'ennemi résiste furieusement et son artillerie lourde écrase les villages conquis et arrose sans interruption nos premières lignes.

Cependant, le 5ᵉ Régiment d'Infanterie et le 74ᵉ Régiment d'Infanterie enlèvent Billy-sur-Ourcq et le 224ᵉ Régiment d'Infanterie parvient après de durs efforts à occuper le plateau au Nord du village. Le 21, nous avançons encore dans la plaine dorée d'épis. Les vagues dorées des moissons mûres ensevelissent l'un après l'autre les corps des mitrailleurs ennemis qui s'acharnent dans une résistance désespérée. La ferme de Fronteny, la ferme de Geromesnil, le bois St. Hilaire sont à nous.

Eglise d'Oulchy-la-Ville.

Le 22, nouveau bond en avant. L'artillerie va de crête en crête, souple, rapide, suivant de près la trace des fantassins. Après des combats très durs, les hauteurs 193 et 184 tombent entre nos mains.

Les troupes sont admirables d'entrain et cependant les pertes sont déjà lourdes car l'ennemi défend pied à pied le terrain.

Le 23 et le 24, nous nous heurtons à une résistance sérieuse de l'adversaire sur la ligne Oulchy-la-Ville, Bois de la Baillette, et malgré des attaques violentes et répétées nous ne parvenons pas à enlever la position.

Depuis le 18 Juillet, les troupes ont combattu sans arrêt, les effectifs ont fondu sous les rafales de fer et les cadres sont extraordinairement diminués. Le Général de Roig demande cependant un dernier effort.

Oulchy-la-Ville.

Le 25 Juillet l'attaque reprend sur toute la ligne.

Le 5ᵉ Régiment d'Infanterie attaque le bois de la Baillette, le 74ᵉ Régiment d'Infanterie attaque Oulchy-la-Ville. L'artillerie française fait rage. Le Bataillon Jacquin du 5ᵉ Régiment d'Infanterie renforcé par la Compagnie de Wendel atteint rapidement la corne Nord-Ouest du bois. Le 74ᵉ Régiment d'Infanterie en profite pour attaquer le village. Le Bataillon Jaures parvient aux premières maisons, le Bataillon Amadieu l'appuie et, après une lutte acharnée, Oulchy-la-ville est à nous. Le 5e Régiment d'Infanterie a continué sa marche en avant, nettoyé complètement le bois de la Baillette et en fin de journée nous bordons la route de Soissons à Chateau-Thierry.

La relève commence.

Du 18 au 26 Juillet, dans une lutte sans répit, nous avons bousculé l'envahisseur, le repoussant de 12 kilomètres, libérant trois villages, capturant plus de 600 prisonniers, nous emparant de 60 canons et d'un matériel considérable.

La victoire est complète. La France a dominé l'Allemagne et va maintenant lui imposer sa guerre, « la guerre de mouvement. » Finis les trous noirs que secouent les bombardements, finie la vie morne des tranchées, finie la guerre scientifique inventée à Berlin! Le Génie d'un Foch va imposer à l'Allemand sa tactique souple adroite, puissante, et nous allons voir dans la fumée des batailles apparaître la grande ombre napoléonienne.

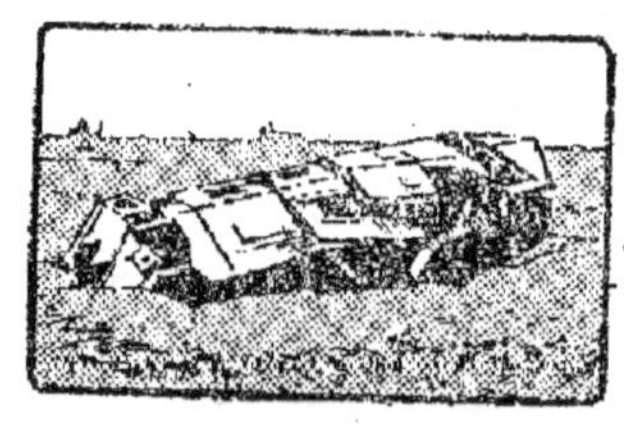

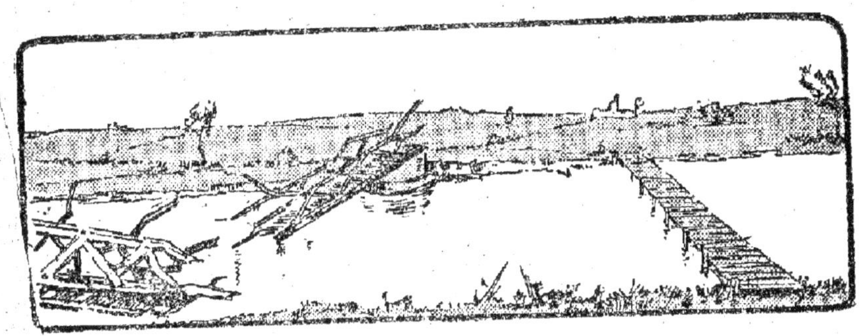

La Passerelle de Venizel.

LA BATAILLE DE L'AISNE

L'ennemi s'est replié sur la ligne Hindenbourg où il espère tenir. Il faut le déloger de ses repaires et ne pas lui laisser le temps de se ressaisir.

Après un court repos à Venette près de Compiègne, nous prenons les lignes à l'Est de Soissons. L'Armée Mangin va attaquer dans la direction de Laon. Le 28 Août, la Division est en place et tente de franchir l'Aisne malgré le barrage ennemi et les mitrailleuses postées sur la rive Nord. Toutes nos tentatives échouent. Les rives sont intenables et le matériel apporté à grand peine au débouché du boyau Garibaldi et du boyau d'Annunzio est détruit à plusieurs reprises par les obus.

Le 29, le Bataillon Biancardini du 5ᵉ Régiment d'Infanterie réussit à franchir l'Aisne sur la passerelle du chemin de fer qui est démolie et rétablie plusieurs fois et prend pied entre la boucle de la Distillerie et la voie du chemin de fer.

Le 30, le 5ᵉ Régiment d'Infanterie nettoie la boucle après avoir franchi le Canal.

Le passage devant Venizel étant impossible, nous décidons de passer par les lisières Est de Soissons et le Bataillon Biancardini reçoit l'ordre d'attaquer la Distillerie. Il l'atteint par une attaque brusquée mais l'ennemi a bétonné certains bâtiments où des mitrailleuses fauchent nos hommes et une contre-attaque nous rejette à 200 mètres des bâtiments. Le Bataillon s'accroche au terrain et résiste, puis, le 1ᵉʳ Septembre, s'élance encore, prend un à un les bâtiments et organise la place. Ses pertes sont exceptionnellement lourdes et il a fallu une admirable tenacité pour mener deux jours de combat contre un adversaire bien abrité, nombreux, et qui n'a cédé que sous la poussée de « Navarre sans peur ». La porte est déjà entrouverte ; le reste du Régiment d'Infanterie en profite pour franchir l'Aisne et se masser dans les faubourgs Est de Soissons.

Le 2 Septembre, le Bataillon Jacquin attaque et arrive à 200 mètres de Bucy-le-Long.

A 15 heures, la lisière Ouest du village est atteinte. Le nettoyage de la rive Nord de l'Aisne commence : Nous faisons face à l'Est et toutes les mitrailleuses qui défendaient la rivière tombent entre nos mains.

Le lendemain, la lutte continue, très dure, dans Bucy-le-Long. L'ennemi contre-attaque violemment, mais nous maintenons nos positions. Le 74ᵉ Régiment d'Infanterie a commencé de franchir l'Aisne sur plusieurs passerelles que les hommes du Génie, admirables de sang-froid, réparent sous le feu, encouragés par le Capitaine Hamel qui a franchi le premier la rivière et qui dirige les travaux avec un calme imperturbable.

Le 4 Septembre au petit jour le combat reprend.

Le 5ᵉ Régiment d'Infanterie s'empare de Bucy-le-long ; le Bataillon Chanal, mis à la disposition du Colonel Boge, enlève la Ferme de la Montagne. Le 74ᵉ Régiment d'Infanterie s'empare du Bois de la Boucle et du bois Baltan et dans un combat très dur progresse vers le Nord.

Le lendemain, l'ennemi se replie, et couvre sa retraite avec des mitrailleuses. Le 5ᵉ régiment d'infanterie enlève le village de Vregny et poursuit sa marche en avant ; les bataillons Chanal et

Biancardini s'emparent du bois de la Quincy et du château et envoient des patrouilles jusque dans Nanteuil-la-Fosse pendant que le 74ᵉ régiment d'infanterie prend les villages de Moncel et de Ste Marguerite. A la nuit, toute l'artillerie passe sur le pont de Venizel.

Alors, commencent des journées de combats qui comptent parmi les plus dures de la campagne. Nous avons atteint les abords du Chemin des Dames qui constitue un des principaux centres de résistance de l'ennemi. Celui-ci va par tous les moyens résister à nos attaques; non seulement il faudra combattre nuit et jour et résister aux furieuses contre-attaques des meilleures troupes allemandes, non seulement il faudra prendre une par une les anciennes tranchées qui entourent de leur réseau serré le moulin de Laffaux, mais il faudra vivre dans une atmosphère empoisonnée par les gaz.

Malgré la fatigue, malgré les déluges d'obus, la 5ᵉ division d'infanterie continue sa poussée en avant. Le 7 Septembre, le 224ᵉ régiment d'infanterie s'empare du village de Nanteuil la Fosse, le 74ᵉ régiment d'infanterie prend pied dans la tranchée du Chili, âprement défendue et occupe la ferme Chimy; le 8 Septembre, le bois de Nanteuil tombe entre nos mains et nous prenons pied dans le chemin creux de Sancy et dans le village d'où une violente contre-attaque nous déloge.

L'ennemi a reçu l'ordre de tenir coûte que coûte: Il multiplie ses retours offensifs et sa première ligne est fortement occupée. Le combat devient très dur.

Le 9, le bataillon SPACENSKI du 74e régiment d'infanterie attaque Sancy à 14 heures et dans un élan admirable dépasse le village et capture une centaine de prisonniers. L'ennemi revient en forces. Découvert sur sa droite, le commandant SPACENSKI donne l'ordre de regagner la ligne de départ. Nous touchons aux positions vitales de la position HINDENBURG et la résistance ennemie se fait désespérée.

Le 10, le 11, le 12, le 13 Septembre, nous nous maintenons sur la ligne atteinte. La situation est précaire. Tout notre flanc droit est découvert par notre formation en flèche. Nos pertes sont sévères et le bombardement par percutants et toxiques continue.

Le 14 Septembre, le 224e régiment d'infanterie et le 74e régiment d'infanterie attaquent dans la direction du plateau du Piano. L'ennemi résiste opiniâtrement et contre-attaque dès que nous remportons un avantage.

Le 15, l'attaque reprend et le 224ᵉ régiment d'infanterie prend pied dans la tranchée de la Pertuisane mais ne parvient pas aux objectifs assignés. Nos troupes sont à bout de souffle et le 5ᵉ régiment d'infanterie qui a relevé le 74ᵉ pendant la nuit ne parvient pas à avancer. Nous sommes en présence d'une organisation fortifiée dont il va falloir faire le siège et qu'il ne sera possible d'aborder qu'après des tirs puissants de destruction.

Erreur ! Le Général MANGIN en a décidé autrement.

Ordre est donné de reprendre l'attaque le lendemain 16 Septembre. Il faut à tout prix arracher à l'ennemi son dernier rempart. L'effort demandé paraît impossible et cependant, le lendemain, le capitaine de WENDEL ayant dit à son bataillon « Nous allons combattre pour l'honneur de la division et du régiment » le mot impossible fut rayé une fois de plus par tous les soldats de son bataillon qui, à 6 heures, s'élancent en collant au barrage et, surprenant l'ennemi par la soudaineté de l'attaque, enlèvent le plateau, nettoient les carrières du Piano et atteignent dans une ruée héroïque le bois de la Colombe. Le village de Sancy débordé tombe entre nos mains avec toute sa garnison.

Ce combat victorieux clôt, en ce qui nous concerne, la bataille de l'Aisne, bataille terrible où l'énergie française devait durer encore un quart de plus que l'énergie allemande. L'aigle germanique entre dans l'agonie et ne sait plus ou donner du bec et des ongles.

700 prisonniers, 10 canons, 24 minen, 2000 fusils, sont tombés entre nos mains.

Le Désert.

CAMPAGNE DE BELGIQUE

Le 27 Septembre, la Division débarque dans la région de Saint Omer et par Saint Momelin, Oudezeele, vient se ranger sous les ordres du Roi des Belges dans la région de Poperinghe.

Le 11, elle arrive dans la région de Poelcappelle-Langemark. Le 13, nous prenons nos positions de départ afin de participer à la percée qui va être tentée dans la direction de Gand.

Sous une pluie fine, qui tombe sans arrêt les troupes montent en ligne. C'est l'automne des Flandres, humide et gris. Nous avançons dans un vaste désert creusé de trous pleins d'une eau trouble. A perte de vue se déroule une immensité désolée d'où émergent en des saillies brèves les arbres décapités et l'arc de cercle roux des tôles métro criblées d'éclats. Des obus rouillés, des fils de fer déchiquetés, des casques troués, des débris indéfinissables gisent sur le sol mou. Voici Poelcappelle ou plutôt le souvenir de Poelcappelle que nous traversons. Un tas de briques émiettées, dernier vestige de l'église, témoigne de l'existence d'un village. La route que nous suivons est fréquemment interrompue par de gigantesques entonnoirs. Dans l'un deux une fourragère avec ses deux chevaux et ses deux conducteurs a sombré. Une main d'homme émerge, crispée dans un geste d'atroce douleur. Sur les côtés du chemin, de nombreux cadavres de tanks gisent éventrés... Sur l'un deux a poussé une herbe grêle qu'un cheval broute. La pluie ruisselle, noyant dans un brouillard d'eau le morne paysage. Tous les débris qui gisent sur le sol mouvant s'enfoncent lentement dans la gaîne molle sur laquelle personne ne peut passer. Immense chaos marécageux que la guerre a créé, quelque artiste de génie te prendra sans doute pour servir de cadre à la tragique figure d'une symbolique désolation. La nuit se passe humide et froide.

Le 14 Octobre à 5 h. 32, nous attaquons.

La première ligne suit le barrage roulant et, malgré deux épais réseaux de fil de fer, parvient à 1 kilomètre de Roulers.

Le 74e Régiment d'Infanterie pousse hardiment de l'avant : à 11 heures, le Krombeck est dépassé et le Bataillon SPACENSKI, dans un mouvement admirable par sa hardiesse et son opportunité, atteint les premières maisons de Beveren,

et sème la panique dans les lignes ennemies.
300 prisonniers tombent entre nos mains.

Le 224e Régiment d'Infanterie, au Nord, pris
de flanc par les mitrailleuses de la crête
d'Hooglede, n'a pu suivre la progression rapide
du 74e Régiment d'Infanterie, mais cependant
la première ligne ennemie est bousculée et nous
allons en profiter pour élargir nos succès. Le
15, nous investissons le village de Beveren et
dans un combat qui dure une grande partie de
la journée nous en chassons l'ennemi.

Le lendemain, 16 Octobre, la marche en avant
continue. A 6 heures, les 3 Régiments attaquent,
poussent hardiment de l'avant et à 11 h. 30 le
gros bourg d'Ardoye est conquis de haute lutte.
Les Belges accueillent nos troupes aux cris de
« Vive la France ». Les drapeaux sortent de
leurs cachettes et les rues se pavoisent. Sous
les derniers obus de l'artillerie allemande qui
se replie, les habitants viennent féliciter nos
soldats : l'enthousiasme est profond, unanime,
et ceux qui pendant 4 ans ont souffert sous la
botte allemande, accueillent avec des larmes de
joie et des gestes bénisseurs ceux qui ont lutté
sans trêve pour venir un jour en libérateurs
effacer en quelques minutes de joie infinie toutes
les souffrances accumulées.

Nous sommes définitivement sortis de la région dévastée. Devant nous, la campagne verte s'étend dominée par les clochers intacts des villes et des villages qui nous attendent. En avant.

Le 17 Octobre, au petit jour, des reconnaissances nous apprennent que l'ennemi se dérobe. Nous reprenons immédiatement notre marche en avant. A 8 heures, Bergmolen, puis Pitthem, sont occupés par le 5e Régiment d'Infanterie. Nous arrivons, sans rencontrer de résistance sérieuse aux lisières de Thielt. Là l'ennemi a organisé sa nouvelle ligne de défense et ses canons arrosent les routes et les villages reconquis. Il résiste avec acharnement pendant toute la journée du 18 Octobre, mais le 19 Octobre, le 5° régiment d'infanterie par le nord, le 74e régiment d'infanterie par le Sud, débordent Thielt. Devant nos troupes qui avancent sans arrêt l'ennemi cède et recule en désordre.

La ville de Thielt tombe entre nos mains, Kapelhoek, Katteknok, Wontergem, sont dépassés, Gotthem est occupé en dépit des mitrailleuses ennemies qui défendent le village et, quand la nuit tombe, nos troupes qui, pendant la journée ont avancé de 11 kilomètres, bordent la Lys.

La population de Thielt fait à nos troupes un

accueil triomphal. Les premiers soldats qui pénètrent dans la ville sont portés en triomphe. La musique du 224ᵉ régiment d'infanterie joue sur la grand' place la Brabançonne et la Marseillaise. Les voix belges et françaises se mêlent et les hymnes s'enflent, grandissent, montent aux nues

Les premiers Français arrivant
à Thielt

quand le drapeau belge est planté au sommet du clocher de l'église principale et se deploie, vivant trophée, sur la ville libérée qui renaît.

Depuis le début des attaques, nous avons avancé de 30 kilomètres et cependant notre mission n'est pas terminée. Il faut franchir la Lys, de vive force !

Le 19, vers 21 heures, le 5ᵉ régiment d'infanterie jette des éléments sur la rive Nord. La compagnie BONAFOS, son jeune lieutenant, en tête, s'engage sur les rails du pont du chemin de fer près de Grammene et, en rampant, essaie de passer. Le pont saute au même moment. Un radeau est rapidement construit et par un système de va-et-vient la compagnie franchit la rivière. L'ennemi réagit violemment : explosifs et toxiques pleuvent sur les abords de la rivière. Nous essayons en vain de construire des passerelles de fortune et cependant sur deux radeaux, les effectifs de 2 bataillons passent le 20 Octobre et attaquent dans la direction de l'Est. La réaction ennemie se fait plus violente et nous avons à faire tête à de furieuses contre-attaques.

Enfin, le 21, des passerelles sont établies, mais au prix de quelles difficultés ! L'ennemi s'acharne à nous rejeter à la rivière mais nous avons l'habitude de garder ce que nous avons pris.

Le 22 Octobre nous élargissons notre tête de pont. Les troupes ont fourni déjà un effort surhumain et cependant elles combattent toujours avec la même fougue. Le Bataillon CHANAL du

224e Régiment d'Infanterie enlève brillamment une ferme défendue par des mitrailleuses et le Bataillon de WENDEL du 5e Régiment d'Infanterie pénètre dans Machelen et après un combat très dur anéantit la garnison du village.

Le 224e Régiment d'Infanterie qui rencontre de sérieuses difficultés, progresse dans la presqu'île de Gotthem. Le Commandant LIBEROS, calme comme à la manœuvre, avance lentement, sûrement et maintient le contact avec le 5e Régiment d'Infanterie.

Le 23, la poussée continue et quand on nous relève, la voie ferrée est atteinte.

1.000 prisonniers, des canons, des mitrailleuses, un matériel considérable sont tombés entre nos mains. Nous venons de porter à l'Allemagne qui chancelle les derniers coups. Les prisonniers qui défilent à Thielt au P. C. de la Division portent sur leurs figures les signes de la défaite irrémédiable. Partout, les hordes allemandes refluent ; Bruges, Ostende, Lille, Roubaix, Tourcoing sont libérés. La formidable machine de guerre préparée avec tant de soin par l'Allemagne se détraque : les craquements sinistres se succèdent. Après la Bulgarie, l'Autriche et la Turquie sont à genoux. — On les a — La parole prophétique du Général PÉTAIN se réalise. Quels seront les derniers sursauts de la bête traquée? Quelle défense désespérée allons nous écraser prochainement ?

Le 9 Novembre, nous montons en ligne sur les bords de l'Escaut à hauteur de Gavere.

Le 11 Novembre, à 11 heures l'Allemagne se reconnait vaincue. L'armistice est signé. C'est une capitulation en règle. Le jour de gloire est arrivé.

Immédiatement les fusées jaillissent de nos lignes ; elles n'appellent plus les tirs de barrage, elles n'annoncent plus les attaques, ces fusées qui ont, pendant quatre années, rayé le ciel de la grande guerre ! Elles annoncent aux populations belges qui attendent, anxieuses, la fin de leur long martyre, elles signifient victoire et liberté !

CONCLUSION

22 Novembre. —

Le Roi des Belges fait son entrée à Bruxelles.
— Midi — le roi soldat, suivi de la reine et de ses
enfants arrive à la porte de Flandre où le reçoit
le bourgmestre, Monsieur Max. Après les discours, le défilé commence. Voici les troupes
belges, puis les troupes anglaises qui passent
au milieu d'une ovation sans fin, puis voici les
uniformes bleu horizon qui apparaissent. 2
Compagnies du 74e Régiment d'Infanterie re-
présentent la 5e Division dans le cortège
triomphal. Un cri formidable jaillit de la
multitude « Vive la France » ! et les femmes
qui jettent des fleurs du haut des balcons en-
tonnent la Marseillaise. Le chant de liberté
grandit, emplit l'espace, les chapeaux se lèvent,
les drapeaux s'agitent, la France victorieuse
passe et le même cri jaillit toujours du fond des
cœurs « Vive la France » !

Oui, Vive la France ! . La nation qui a su
dompter, la souffrance et la mort mérite d'être
aimée et chérie par delà ses frontières, mais nous

ses fils, nous qui avons tant souffert pour elle, aimons la à jamais.

Fiers des sacrifices consentis et des blessures reçues, n'oublions pas qu'elle a failli périr. La victoire n'efface point la menace de mort. Strasbourg reconquis ne fait pas oublier Verdun ravagé. Sachons la défendre. Dans son sein meurtri dorment nos frères tombés au champ d'honneur. Pour eux faisons plus belles les moissons de l'avenir; gardons jalousement le patrimoine qu'ils ont si bien défendu et dans les fêtes de la délivrance et de la victoire pensons à tous ceux qui ne verront pas le retour triomphal des drapeaux. Et puis, n'oublions jamais que les idées de liberté, de justice, de beauté sereine sont contenues dans un seul mot qui fut pris pour cri de ralliement chaque fois que le monde a craint de voir sombrer les richesses idéales accumulées pendant les siècles par tout ce qui pense et tout ce qui aime : FRANCE !

Imprimerie Buttner-Thierry, Paris.